W0237048

Dr. Oetker

FITMACHER

Salate

Dr. Oetker

FITMACHER

Salate

VORWORT

„Man ist, was man isst!" – Frei nach diesem Motto haben wir unsere Fitmacher-Salat-Rezepte für Sie entwickelt. Egal, ob Tandoori-Chicken-Salat, veganer Couscous-Linsen-Salat oder Spaghetti-Salat mit Joghurt-Pesto – unsere Salate bringen Abwechslung in Ihren Speiseplan: Knackiges Gemüse, Kartoffeln, Nudeln und Getreide, Hülsenfrüchte, frische Kräuter, wertvolle Nüsse und Kerne, mal mit Fleisch oder Fisch und mal vegetarisch oder vegan.

Mit ihrem Nährstoff-Mix aus Vitaminen, Mineralstoffen, Spurenelementen und Ballaststoffen sind die Fitmacher-Salate in diesem Buch die perfekte Ergänzung einer gesunden Lebensweise: echtes Feel-Good-Food! Dazu liegen sie mit ihrer ausgewogenen Energiebilanz von maximal 600 Kilokalorien und höchstens 20 g Fett nicht schwer im Magen, machen dabei aber satt und glücklich.

Alle Rezepte wurden von uns getestet und so beschrieben, dass Sie Ihnen sicher gelingen. Nehmen Sie sich Zeit und essen Sie mit Genuss!

DRESS YOUR SALAD DRESSINGS & SAUCEN

Bohnen-Tunfisch-Dressing (rechts unten)

Für 4 Portionen / Pro Portion:
E: 8 g, F: 1 g, Kh: 9 g, kJ: 334, kcal: 80, BE: 0,7
Zubereitungszeit: 15 Minuten

50 g Fenchelknolle, ¼ Bund Schnittlauch, 2 Stängel Basilikum, 25 g Zwiebel, 1 Knoblauchzehe, 125 g abgetropfte weiße Bohnen (aus der Dose), 50 g abgetropfter Tunfisch (natur), 20 g abgetropfte Kapern, 1 EL grobkörniger Senf, 2 EL Zitronensaft, 250 g Buttermilch, Salz, gem. weißer Pfeffer

Fenchel putzen, abspülen, abtropfen lassen (das Grün beiseitelegen) und in kleine Stücke schneiden. Schnittlauch und Basilikum abspülen, trocken tupfen, dann mit Fenchelgrün grob schneiden. Zwiebel und Knoblauch abziehen und klein schneiden. Alles mit Bohnen, Tunfisch, Kapern, Senf, Zitronensaft und Buttermilch sehr fein pürieren. Dann durch ein feines Sieb gießen und die Rückstände im Sieb fest ausdrücken. Von den Rückständen etwa 35 g wieder unter das Dressing mischen, mit Salz und Pfeffer würzen.

Asia-Dressing (links oben)

Für 4 Portionen / Pro Portion:
E: 2 g, F: 4 g, Kh: 11 g, kJ: 396, kcal: 95, BE: 0,9
Zubereitungszeit: 10 Minuten

125 g saure Sahne, 125 ml Gemüsebrühe, 4 EL heller Reisessig, 2 EL Wasabipaste, 2 EL Sojasauce, 2 EL flüssiger Honig, Salz, 25 g frischer Ingwer, ½ rote Chilischote

Saure Sahne mit Gemüsebrühe, Reisessig, Wasabipaste, Sojasauce, Honig und etwas Salz glatt rühren. Ingwer schälen und fein reiben. Chili abspülen, trocken tupfen und ohne Stiel, aber mit Kernen fein hacken. Ingwer und Chili unter das Dressing mischen.

Guacamole-Dressing (links unten)

Für 4 Portionen / Pro Portion:
E: 2 g, F: 6 g, Kh: 3 g, kJ: 344, kcal: 82, BE: 0,2
Zubereitungszeit: 10 Minuten

½ grüne Chilischote, 1 Bio-Limette (unbehandelt, ungewachst), 30 g Frühlingszwiebeln, 2 Stängel Koriander, 75 g Avocadofruchtfleisch (vorbereitet gewogen), 200 g Kefir, Salz

Chili abspülen, trocken tupfen und ohne Stiel klein schneiden. Limette heiß abwaschen, abtrocknen und die Schale mit einem Zestenreißer abschälen. Limette halbieren und 3 Esslöffel Saft auspressen. Frühlingszwiebeln putzen, abspülen, abtrocknen und grob schneiden. Koriander abspülen, trocken tupfen und die Blättchen von den Stängeln zupfen. Korianderblättchen grob zerschneiden. Alle Zutaten mit Avocadofruchtfleisch und Kefir fein pürieren und mit Salz abschmecken.

Edle Rotwein-Vinaigrette (rechts oben)

Für 4 Portionen / Pro Portion:
E: 0 g, F: 8 g, Kh: 6 g, kJ: 481, kcal: 115, BE: 0,5
Zubereitungszeit: 10 Minuten

100 ml Rotwein, 2 EL brauner Zucker, 3 EL Rotweinessig, 2 EL Sherryessig, 3 EL Wermut (weiß), 150 ml gute Rinderbrühe, 50 ml Olivenöl, Salz, gem. schwarzer Pfeffer

Rotwein mit Zucker in einem Topf zum Kochen bringen, dann auf die Hälfte einkochen und anschließend erkalten lassen. Alle Zutaten miteinander verrühren, mit Salz und grob gemahlenem Pfeffer würzen.

Tipp: Sie können die Rotwein-Vinaigrette gut verschlossen 2–3 Tage im Kühlschrank aufbewahren.

DRESS YOUR SALAD

DRESSINGS & SAUCEN

Tomaten-Orangen-Vinaigrette
(links oben)
Für 6 Portionen / Pro Portion:
E: 0 g, F: 8 g, Kh: 8 g, kJ: 460, kcal: 110, BE: 0,7
Zubereitungszeit: 5–10 Minuten

1 Bio-Orange (unbehandelt, ungewachst), 175 ml Tomatensaft, 50 ml Gemüsebrühe, 2 EL Ahornsirup, 3 EL weißer Balsamico-Essig, 50 ml Traubenkernöl, Salz, gem. schwarzer Pfeffer

Orange heiß abwaschen, abtrocknen und ein Viertel der Schale fein abreiben. Orange halbieren und 100 ml Saft auspressen. Orangenschale, -saft, Tomatensaft, Gemüsebrühe, Ahornsirup, Essig, Öl, Salz und Pfeffer gut miteinander verrühren.

Möhren-Aprikosen-Vinaigrette
(rechts oben)
Für 6 Portionen / Pro Portion:
E: 1 g, F: 10 g, Kh: 8 g, kJ: 508, kcal: 121, BE: 0,6
Zubereitungszeit: 15 Minuten

1 EL Sesamsamen (ungeschält), 6 Minzeblättchen, 1 Bio-Limette (unbehandelt, ungewachst), 2 EL flüssiger Honig, 50 ml Rapsöl, 50 ml Aprikosensaft, 150 ml Möhrensaft, Salz, gem. schwarzer Pfeffer

Sesam in einer Pfanne ohne Fett unter Wenden goldbraun rösten, auf einen Teller geben. Minze abspülen, trocken tupfen und klein schneiden. Limette heiß abwaschen, abtrocknen und die Schale fein abreiben. Limette halbieren und 3 Esslöffel Saft auspressen. Alle Zutaten mit Honig, Rapsöl, Aprikosen- und Möhrensaft verrühren, mit Salz und Pfeffer würzen.

Vitalsauce (rechts unten)
Für 6 Portionen / Pro Portion:
E: 1 g, F: 9 g, Kh: 8 g, kJ: 487, kcal: 116, BE: 0,6
Zubereitungszeit: 5–10 Minuten

1 EL frische Thymianblättchen, 75 ml Sanddorn-Muttersaft, 50 ml Gemüsebrühe, 2 EL Honig, 125 ml Orangensaft, 3 EL mittelscharfer Senf, 3 EL Mandelöl, 2 EL Rapsöl, Salz, gem. weißer Pfeffer

Abgespülte Thymianblättchen grob hacken. Sanddornsaft, Gemüsebrühe, Honig, Orangensaft, Senf, Mandelöl und Rapsöl miteinander verrühren. Die Vitalsauce mit Salz und Pfeffer würzen.

Tabouleh-Vinaigrette (links unten)
Für 4 Portionen / Pro Portion:
E: 1 g, F: 10 g, Kh: 2 g, kJ: 434, kcal: 104, BE: 0,1
Zubereitungszeit: 20 Minuten

100 g Salatgurke, 100 g Tomaten, 1 rote Zwiebel, 5 Minzeblättchen, 10 Petersilienblättchen, 100 ml Gemüsebrühe, 1 TL Schwarzkümmel, 1 TL gem. Kreuzkümmel (Cumin), 4 EL Zitronensaft, Salz, 4 EL Olivenöl

Gurke schälen. Tomaten abspülen, abtrocken halbieren, Stängelansätze und Kerne entfernen. Zwiebel abziehen. Gurke, Tomaten und Zwiebel sehr fein würfeln. Minze und Petersilie abspülen, trocken tupfen und fein schneiden. Alle Zutaten mit Gemüsebrühe, Schwarzkümmel, Kreuzkümmel, Zitronensaft, Salz und Olivenöl verrühren.

Tipp: Die Vinaigrette unter gegarten Bulgur mischen.

PIMP YOUR SALAD

LECKERE TOPPINGS

Melonenkugelmix (links oben)
Für 4 Portionen / Pro Portion:
E: 1 g, F: 0 g, Kh: 17 g, kJ: 307, kcal: 73, BE: 1,5
Zubereitungszeit: 15 Minuten

250 g Honigmelone, 250 g Cantaloupe- oder Charentaismelone, 250 g Wassermelone

Mit einem Kugelausstecher (nach Belieben 2 unterschiedlich große Ausstecher verwenden) aus jedem Melonenstück Kugeln ausstechen. Die löchrige Schicht abschneiden und weiter ausstechen (Melonenreste anderweitig verwenden).

Tipp: Wer mag aromatisiert die Melonenkugeln mit Rum und gibt Zitrone und Minze dazu.

Eingelegte Kürbiswürfel (Mitte links)
Für 3 Gläser à 300 ml (20 Portionen) / Pro Portion:
E: 0 g, F: 0 g, Kh: 9 g, kJ: 173, kcal: 41, BE: 1,0
Zubereitungszeit: 25 Minuten
Garzeit: etwa 5 Minuten

1 Hokkaido-Kürbis (etwa 800 g), 50 g frischer Ingwer, 2 Knoblauchzehen, 1 rote Chilischote, Wasser, 150 g Zucker, 75 ml Apfelessig, 1 TL Senfkörner, 1 TL Salz

Den Kürbis vierteln und die Kerne herauslösen. Die Viertel schälen, erst in etwa 1 cm dicke Streifen, dann diese in Würfel schneiden. Ingwer schälen und in Scheiben schneiden. Knoblauch abziehen und halbieren. Die Chilischote abspülen, trocken tupfen, längs aufschneiden, die Kerne entfernen. Chili in feine Ringe schneiden. Die Kürbiswürfel mit allen Zutaten in einem Topf mit Wasser bedeckt zum Kochen bringen. Etwa 5 Minuten bei mittlerer Hitze köcheln lassen (die Kürbiswürfel sollen gar, aber nicht verkocht sein). Anschließend sofort die Kürbiswürfel mit dem Sud randvoll in vorbereitete Gläser füllen, mit Twist-off-Deckeln® verschließen, umdrehen und etwa 5 Minuten auf den Deckeln stehen lassen. An einem kühlen Ort aufbewahren.

Pikante Berglinsen (links unten)
Für 8 Portionen / Pro Portion:
E: 3 g, F: 3 g, Kh: 10 g, kJ: 353, kcal: 84, BE: 1,0
Zubereitungszeit: 15 Minuten
Garzeit: etwa 10 Minuten

100 g grüne Puylinsen (französische Berglinsen), 1 Zwiebel (60 g), 1 Knoblauchzehe, 1 rote Chilischote, 1 Stange Staudensellerie (50 g), 1 Möhre (80 g), 2 EL Olivenöl, 1 gestr. TL Zucker, 300 ml Gemüsebrühe, 1 Stängel Rosmarin, 3 Stängel Thymian, ½ Bund Schnittlauch, Salz, gem. schwarzer Pfeffer, 2–3 EL Crema di Balsamico

Die Linsen unter fließendem, kalten Wasser abspülen und abtropfen lassen. Zwiebel und Knoblauch abziehen, sehr fein würfeln. Die Chilischote abspülen, trocken tupfen, längs aufschneiden, die Kerne entfernen. Chili in feine Ringe schneiden. Sellerie abspülen, fein würfeln. Möhre putzen, schälen, abspülen, abtropfen lassen und fein würfeln. Olivenöl in einem Topf erhitzen. Zwiebel, Knoblauch, Sellerie und Möhre darin anschwitzen. Linsen hinzugeben, Zucker unterrühren. Brühe angießen, zum Kochen bringen. Rosmarin und Thymian abspülen, trocken tupfen, hinzugeben. Linsengemüse etwa 10 Minuten garen. Inzwischen Schnittlauch abspülen, trocken tupfen und in feine Röllchen schneiden. Wenn die Linsen gar sind, die Kräuterstängel entfernen. Linsen mit Salz, Pfeffer und Crema di Balsamico würzen. Schnittlauch unterrühren.

Das Rezept für die **Falafelbällchen** (im Foto Mitte rechts) finden Sie auf S. 84, das Rezept für den **Nussknusper** (im Foto rechts unten) auf S. 116.

VEGETARISCH & VEGAN

Knackiges Gemüse und frische Kräuter, der perfekte Vitamin- und Mineralstoff-Kick zum Aufgabeln – garantiert ohne Fleisch und Fisch und vegan gleich ganz ohne Eier, Milch, Joghurt oder Honig.

SALAT IM PITABROT

ZUM MITNEHMEN

4 Stück

Pro Stück:
E: 14 g, F: 14 g, Kh: 40 g,
kJ: 1428, kcal: 341, BE: 3,0

2 große Blätter Eisbergsalat
1 kleine Zwiebel
½ kleine Bio-Salatgurke
2 Tomaten
150 g Schafskäse
Salz
gem. Pfeffer
gerebelter Oregano

Für die Joghurtsauce:
1 Knoblauchzehe
150 g Joghurt (3,5 % Fett)
1 EL Olivenöl
4 Pitabrot-Taschen (frisch oder abgepackt)

Zubereitungszeit:
25 Minuten

1 Die Salatblätter abspülen, trocken tupfen, halbieren und in schmale Streifen schneiden. Zwiebel abziehen und in dünne Ringe oder Streifen schneiden.

2 Die Gurke abspülen, abtrocknen und das Ende abschneiden, nach Belieben schälen und in Scheiben schneiden.

3 Tomaten abspülen, abtrocknen und die Stängelansätze herausschneiden. Die Tomaten in dünne Scheiben schneiden. Den Käse ebenfalls in möglichst dünne Scheiben schneiden. Tomaten- und Käsescheiben mit Salz, Pfeffer und Oregano würzen.

4 Für die Sauce Knoblauchzehe abziehen und durch eine Knoblauchpresse drücken oder sehr fein hacken. Joghurt mit Olivenöl und Knoblauch verrühren, mit Salz und Pfeffer abschmecken.

5 Abgepackte Pitabrote im Toaster nach Packungsanleitung nacheinander toasten. Die frischen oder getoasteten Pitabrote mit dem vorbereiteten Salat und den Zwiebel-, Gurken-, Tomaten- und Käsescheiben füllen. Die Pitabrote mit der Joghurtsauce servieren.

FITMACHER-TIPP:

Joghurt ist gut für unseren Darm. Die im Joghurt enthaltenen Milchsäurebakterien fördern unsere Verdauung, allerdings nur dann, wenn wir ihn regelmäßig genießen. Essen Sie am besten Naturjoghurt ohne Zusätze.

GEGRILLTER VEGGIE-SALAT

ALLA CAPRESE

Für 4 Portionen

Pro Portion:
E: 12 g, F: 14 g, Kh: 15 g,
kJ: 981, kcal: 234, BE: 1,0

Für das gegrillte Gemüse:
150 g Frühlingszwiebeln
250 g Auberginen
250 g Zucchini
1 große Fenchelknolle (275 g)
Salz

125 g abgetropfter Mozzarella light (9 % Fett)
150 g gemischte Tomaten, z. B. Cocktailtomaten und Romatomaten

Für die Salatsauce:
1 Bio-Orange (unbehandelt, ungewachst)
2 EL Senfpulver
½–1 TL getrocknete Chiliflocken
6 EL Rotweinessig
4 EL Olivenöl
10–12 Basilikumblättchen

Zubereitungszeit:
60 Minuten, ohne Durchziehzeit

1 Für das Gemüse Frühlingszwiebeln putzen, abspülen und abtropfen lassen. Etwas von dem Grün abschneiden, dann die Frühlingszwiebeln der Länge nach bis zur Mitte hin aufschneiden.

2 Auberginen und Zucchini abspülen, abtrocknen und die Enden abschneiden. Fenchelknolle putzen, abspülen und abtropfen lassen. Auberginen, Zucchini und Fenchelknolle in etwa ½ cm dicke Scheiben schneiden. Das Fenchelgrün beiseitelegen.

3 Eine Grillpfanne ohne Fett erhitzen. Das Gemüse darin nacheinander und portionsweise bei starker Hitze von beiden Seiten grillen (Auberginen und Zucchini etwa 3 Minuten, Fenchel etwa 5 Minuten, Frühlingszwiebeln etwa 8 Minuten). Das Gemüse zusammen in eine Schüssel geben und mit Salz würzen.

4 Mozzarella in kleine Stücke zupfen. Alle Tomaten abspülen und abtrocknen. Die Cocktailtomaten vierteln, evtl. die Stängelansätze herausschneiden. Restliche Tomaten halbieren, erst die Stängelansätze herausschneiden und dann die Tomaten in Scheiben schneiden.

5 Für die Sauce die Orange heiß abwaschen und abtrocknen. Etwa ein Viertel der Orangenschale in feinen Zesten abreißen. Dann die Orange halbieren und 100 ml Saft auspressen. Das beiseitegelegte Fenchelgrün fein schneiden. Fenchelgrün mit Orangenzesten, -saft, Senfpulver, Chiliflocken, Salz und Essig verrühren. Das Olivenöl unterschlagen. Die vorbereiteten Tomaten dazugeben. Basilikum abspülen, trocken tupfen und grob schneiden. Basilikum mit Mozzarellastückchen vorsichtig untermischen.

6 Das gegrillte Gemüse hinzugeben und untermischen. Den Salat etwa 10 Minuten durchziehen lassen und anschließend servieren.

FITMACHER-TIPP:

Die im Fenchel enthaltenen ätherischen Öle wirken leicht krampf- und schleimlösend. Fenchel versorgt uns mit reichlich Eisen, Zink, Folsäure und Vitamin C. Achten Sie beim Kauf darauf, dass die Fenchelknollen möglichst weiß und makellos sind. Braune Flecken und Druckstellen sind ein Hinweis, dass der Fenchel nicht mehr ganz frisch ist.

BUNTER FELDSALAT MIT GRAPEFRUIT

ERFRISCHEND – AROMATISCH

4 Portionen

Pro Portion:
E: 7 g, F: 19 g, Kh: 10 g,
kJ: 1008, kcal: 241, BE: 0,5

2 EL gestiftelte oder gehobelte Mandeln
1 rosa Grapefruit

Für das Rosmarin-Honig-Dressing:
1 Stängel Rosmarin
1 Schalotte
2 EL Weißweinessig
1 TL flüssiger Honig
Salz
gem. Pfeffer
4–5 EL Distelöl

1 gelbe Paprikaschote
150 g Feldsalat
1 kleiner Lollo Rosso
40 g Parmesan am Stück

Zubereitungszeit:
20 Minuten, ohne Abkühlzeit

1 Die Mandeln in einer Pfanne ohne Fett unter Wenden hellbraun rösten und auf einem Teller erkalten lassen.

2 Die Grapefruit so schälen, dass die weiße Haut mitentfernt wird. Das Grapefruitfruchtfleisch mit einem scharfen Messer filetieren, dabei den Saft für das Dressing auffangen.

3 Für das Dressing Rosmarin abspülen, trocken tupfen und die Nadeln von dem Stängel zupfen. Rosmarin fein hacken. Schalotte abziehen und sehr fein würfeln. Den aufgefangenen Grapefruitsaft mit Essig und Honig verrühren. Rosmarin und Schalottenwürfel unterrühren. Das Dressing mit Salz und Pfeffer abschmecken. Zuletzt das Öl unterschlagen.

4 Paprikaschote halbieren, entstielen, entkernen und die weißen Scheidewände entfernen. Schote abspülen, abtropfen lassen und in feine Streifen schneiden.

5 Feldsalat verlesen und Wurzelansätze abschneiden. Lollo Rosso putzen, Salate waschen und gut abtropfen lassen oder trocken schleudern. Salatblätter in mundgerechte Stücke zupfen.

6 Parmesan mit einem Sparschäler oder einem Käsehobel in feine Späne hobeln. Salate, Grapefruitfilets und Paprikastreifen in einer Schüssel mischen. Das Dressing untermischen. Den Salat mit Mandeln und Parmesan bestreut servieren.

Tipp: Das aromatische Rosmarin-Honig-Dressing schmeckt statt mit Distelöl auch mit Olivenöl, Walnussöl oder einer Mischung aus Distel- und Kürbiskernöl.

FITMACHER-TIPP:

Zitrusfrüchte sind die Klassiker unter den Vitamin-C-Lieferanten und stärken als solche unser Immunsystem. Eine Grapefruit deckt bereits den Tagesbedarf. Probieren Sie diesen Salat statt mit Feldsalat einmal mit Portulak. Die zarten, glatten, recht fleisch-saftigen Blätter bilden eine Blattrosette, bei der zum Putzen einfach der Wurzelansatz abgeschnitten wird. Der angenehm, leicht säuerlich-würzig schmeckende Salat ist reich an Vitaminen und Mineralstoffen.

GEGRILLTER GEMÜSE-APFEL-SALAT

VEGAN

4 Portionen

Pro Portion:
E: 5 g, F: 17 g, Kh: 25 g,
kJ: 1157, kcal: 277, BE: 1,0

Für den Gemüse-Apfel-Salat:
2 Bund Frühlingszwiebeln
2 Zucchini (je 250 g)
3 Äpfel, z. B. Cox Orange
40 ml Olivenöl

Für die Zitronen-Soja-Vinaigrette:
3 EL Zitronensaft
6 EL Sojasauce
gem. Pfeffer
2–3 EL Olivenöl
2 Stängel Thymian

1 Kästchen Gartenkresse

Außerdem:
1 Grillschale

Zubereitungszeit:
40 Minuten

1 Für den Salat Frühlingszwiebeln putzen. Dickere Zwiebeln der Länge nach halbieren. Anschließend die Frühlingszwiebeln abspülen und abtropfen lassen.

2 Zucchini abspülen, abtrocknen und die Enden abschneiden. Zucchini in etwa ½ cm dicke Scheiben schneiden. Die Äpfel heiß abwaschen, dann abtrocknen, vierteln und die Kerngehäuse entfernen. Apfelviertel in Spalten schneiden.

3 Frühlingszwiebeln, Zucchinischeiben und Apfelspalten in eine Schüssel geben. Die Zutaten mit dem Olivenöl vermischen.

4 Für die Vinaigrette Zitronensaft mit Sojasauce verrühren, mit Pfeffer würzen. Das Olivenöl unterschlagen. Thymian abspülen und trocken tupfen. Die Blättchen von den Stängeln zupfen. Thymianblättchen unter die Vinaigrette rühren.

5 Das Gemüse und die Apfelspalten gleichmäßig in der Grillschale verteilen. Die Grillschale auf den heißen Grillrost stellen. Das Gemüse und die Apfelspalten etwa 12 Minuten grillen, dabei die Gemüse-Apfel-Mischung einmal wenden.

6 Kresse abspülen, trocken tupfen und vom Beet schneiden. Das gegrillte Gemüse und die Apfelspalten in eine Schale oder auf eine Platte geben, mit Kresse bestreuen. Die Zitronen-Soja-Vinaigrette dazuservieren.

Tipp: Verfeinern Sie die Vinaigrette mit 1 Esslöffel Sojacreme (Foto).

FITMACHER-TIPP:

Wenn Sie sich vegan ernähren, achten Sie darauf, dass Sie Sojasauce verwenden, die aus rein pflanzlichen Zutaten hergestellt wurde. Die Zitronen-Soja-Vinaigrette schmeckt auch zu anderem gegrillten Gemüse.

KÜRBIS-ROTE-BETE-SALAT

VEGAN

4 Portionen

Pro Portion:
E: 7 g, F: 20 g, Kh: 38 g,
kJ: 1543, kcal: 369, BE: 2,5

Für den Salat:
1 Lollo Bionda
300 g Rucola (Rauke)
½ Hokkaido-Kürbis (300 g)
1 EL Olivenöl
Salz
gem. Pfeffer
4 Rote-Bete-Kugeln (vorgegart, vakuumverpackt)
½ Bio-Salatgurke
1 Mango
½ Granatapfel
4 Frühlingszwiebeln
2 Möhren (120 g)
16 Cocktailtomaten

Für das Dressing:
1 EL Ahornsirup
2 EL Limettensaft
6 EL Distelöl
20 g frischer Ingwer

1 EL geröstete Pinienkerne

Zubereitungszeit:
30 Minuten

1 Für den Salat Lollo Bionda putzen, abspülen, gut abtropfen lassen oder trocken schleudern. Salat in kleine Stücke zupfen. Rucola verlesen und dicke Stängel abschneiden. Rucola abspülen, gut abtropfen lassen oder trocken schleudern und evtl. etwas kleiner zupfen.

2 Die Kerne des Hokkaido mit einem Esslöffel herausschaben. Den Kürbis mit kaltem Wasser abspülen, trocken tupfen und dann in 1–2 cm dicke Scheiben schneiden. Olivenöl in einer Pfanne erhitzen. Die Kürbisscheiben darin von jeder Seite etwa 5 Minuten braten, dann mit Salz und Pfeffer würzen.

3 Die Rote-Bete-Kugeln in Spalten schneiden. Die Salatgurke schälen, längs halbieren und in dünne Scheiben schneiden. Mango heiß abwaschen, abtrocknen, halbieren und die Hälften vom Stein lösen. Mangohälften schälen und in etwa ½ cm dicke Scheiben schneiden. Die Kerne aus dem Granatapfel mithilfe einer Gabel herauslösen.

4 Frühlingszwiebeln putzen, abspülen, trocken tupfen und in feine Scheiben schneiden. Möhren putzen, schälen, abspülen, abtropfen lassen und in sehr dünne Scheiben hobeln. Tomaten abspülen, abtrocken, halbieren und evtl. die Stängelansätze herausschneiden.

5 Für das Dressing Ahornsirup mit Limettensaft verschlagen. Distelöl langsam unterschlagen. Ingwer schälen und dazureiben. Das Dressing mit Salz und Pfeffer würzen.

6 Alle Salatzutaten am besten auf einem Backblech mischen, mit Salz und Pfeffer würzen. Das Dressing dazugeben und untermischen. Den Kürbis-Rote-Bete-Salat auf Tellern verteilen und mit Pinienkernen bestreut servieren.

FITMACHER-TIPP:

Pinienkerne enthalten das Spurenelement Selen. Es soll unsere Zellen vor freien Radikalen und damit zum Beispiel vor Infektionen oder Herz-Kreislauf-Erkrankungen schützen. Pinienkerne punkten zudem mit Vitamin A und Phosphor.

COUSCOUS-LINSEN-SALAT

VEGAN

2 Portionen

Pro Portion:
E: 23 g, F: 10 g, Kh: 81 g,
kJ: 2177, kcal: 514, BE: 6,5

Für den Salat:
125 g Couscous
Gemüsebrühe
100 g rote Linsen
Wasser
1 kleine Zwiebel
evtl. 1 Knoblauchzehe
1 gelbe Paprikaschote
½ Bio-Salatgurke
3 Tomaten

Für die Salatsauce:
Saft von ½ Zitrone
1–1 ½ EL Olivenöl
Salz
gem. Pfeffer
1 kleine Msp. Chilipulver
Zucker

1 kleines Bund Petersilie

Zubereitungszeit:
30 Minuten, ohne Abkühl- und Durchziehzeit

1 Für den Salat Couscous nach Packungsanleitung mit der Brühe (die auf der Packung angegebene Flüssigkeitsmenge verwenden) zubereiten. Couscous erkalten lassen.

2 In der Zwischenzeit die Linsen nach Belieben in einem Sieb kalt abspülen. Die Linsen nach Packungsanleitung in reichlich Wasser in 10–15 Minuten bissfest garen. Die garen Linsen in ein Sieb abgießen und mit kaltem Wasser abschrecken. Anschließend Linsen abtropfen, abkühlen lassen und beiseitestellen.

3 Inzwischen Zwiebel und nach Belieben Knoblauch abziehen, beides fein würfeln. Paprikaschote halbieren, entstielen, entkernen und die weißen Scheidewände entfernen. Die Schotenhälften abspülen, abtropfen lassen und in kleine Würfel schneiden. Salatgurke abspülen, abtrocknen und das Ende abschneiden. Gurke längs halbieren. Die Kerne mit einem Teelöffel herausschaben. Das Fruchtfleisch in schmale Streifen schneiden.

4 Tomaten kreuzweise einschneiden und mit kochendem Wasser übergießen. Nach 1–2 Minuten herausnehmen und mit kaltem Wasser abschrecken. Tomaten enthäuten, halbieren und die Stängelansätze herausschneiden. Tomaten entkernen und das Tomatenfruchtfleisch in kleine Stücke schneiden.

5 Den Couscous in eine Salatschüssel geben und mit 2 Gabeln etwas auflockern. Zwiebel-, Knoblauch- und Paprikawürfel sowie Gurkenstreifen und Tomatenstücke unter den Couscous heben.

6 Für die Sauce Zitronensaft mit Öl verschlagen, mit Salz, Pfeffer, Chilipulver und 1 Prise Zucker würzen. Die Sauce zu dem Salat geben. Die Salatzutaten vermengen. Zuletzt die Linsen vorsichtig unterrühren. Den Couscous-Linsen-Salat gut durchziehen lassen.

7 Vor dem Servieren Petersilie abspülen, trocken tupfen und die Blättchen von den Stängeln zupfen. Blättchen fein hacken und unter den Salat geben. Den Salat nochmals abschmecken und servieren.

FITMACHER-TIPP:

Die Mittelmeerküche gilt als besonders gesund. Ein Grund dafür ist die Verwendung von hochwertigem Olivenöl. Es versorgt uns mit einfach ungesättigten Fettsäuren und schützt so die Gefäße und wirkt blutfettregulierend.

ZUCCHINICARPACCIO MIT GEMÜSEVINAIGRETTE

VEGAN

2 Portionen

Pro Portion:
E: 3 g, F: 15 g, Kh: 7 g,
kJ: 763, kcal: 183, BE: 0,5

Zum Vorbereiten:
2 Zucchini mit Blüte (etwa 160 g)

Für die Gemüsevinaigrette:
60 g Möhren
60 g Knollensellerie
60 g Porree (Lauch)
2 Schalotten
2 Knoblauchzehen
1 ½ EL Himbeeressig
3 EL Gemüsebrühe
3 EL mildes Olivenöl
Salz
gem. Pfeffer
Zucker

Außerdem:
2 EL Schnittlauchröllchen
einige Frisée-Salatblätter

Zubereitungszeit:
30 Minuten, ohne Marinierzeit

1 Zum Vorbereiten die Zucchiniblüten jeweils abschneiden und den Blütenstempel entfernen. Die Blütenblätter vorsichtig abspülen und abtropfen lassen.

2 Für die Vinaigrette Möhren und Sellerie putzen, schälen, abspülen, abtropfen lassen und in sehr kleine Würfel schneiden. Porree putzen, die Stange längs halbieren, gründlich waschen und abtropfen lassen. Porree ebenfalls in kleine Würfel schneiden.

3 Schalotten abziehen und klein würfeln. Knoblauch mit der flachen Hand anschlagen. Himbeeressig mit Gemüsebrühe verrühren, Olivenöl unterschlagen. Die Vinaigrette mit Salz, Pfeffer und 1 Prise Zucker würzen. Gemüse-, Schalottenwürfel und die Knoblauchzehen hinzugeben und etwa 30 Minuten marinieren.

4 Die Zucchini abspülen, abtrocknen und die Enden abschneiden. Zucchini mit einer Küchenmaschine in hauchdünne Scheiben schneiden.

5 Die Zucchinischeiben auf einem großen Teller anrichten. Gemüsevinaigrette (Knoblauchzehen vorher entfernen) darauf verteilen.

6 Zucchinicarpaccio mit den Blütenblättern, den Schnittlauchröllchen und dem abgespülten, trocken getupften Friséesalat garnieren.

FITMACHER-TIPP:

Zucchini gehören zur Familie der Kürbisgewächse. Es gibt Sorten mit grüner, gelber und weißer Schale, alle haben ein weißliches Fruchtfleisch, das viele Kerne enthält. Man erntet Zucchini bei einer Größe von 15–20 cm, weil sie dann besonders schmackhaft sind. Zucchini enthalten pro 100 g nur etwa 18 kcal, dafür aber Kalium, Magnesium, Eisen und Beta-Carotin. Im Gemüsefach des Kühlschranks bleiben sie 3–4 Tage frisch.

CHICORÉE-TOMATEN-SALAT

MIT AJVAR-OMELETT-RÖLLCHEN

2 Portionen

Pro Portion:
E: 20 g, F: 14 g, Kh: 25 g, kJ: 1297, kcal: 309, BE: 1,5

Für die Omeletts:
2 Eier (Größe M)
20 g Hafer-Schmelzflocken
6 EL kaltes Wasser
2 TL Sojasauce
gem. Pfeffer
2 TL gehackte Petersilie (frisch oder TK)

Für das Dressing:
1 Knoblauchzehe
Salz
1 TL milder Dijon-Senf
1 TL flüssiger Honig
120 g Joghurt (3,5 % Fett)
gem. Pfeffer

Für den Salat:
2 Chicorées
1 kleiner Radicchio (240 g)
10 Cocktailtomaten

Außerdem:
2 TL Sonnenblumenöl
100 g Frischkäse (0,2 % Fett)
30 g Ajvar, mild (rote Paprikapaste aus dem Glas)

Zubereitungszeit:
20 Minuten, ohne Abkühlzeit

1 Für die Omeletts Eier, Schmelzflocken, Wasser, Sojasauce, Pfeffer und Petersilie in einer Schüssel gründlich verschlagen. Den Teig etwa 3 Minuten quellen lassen.

2 In der Zwischenzeit für das Dressing Knoblauch abziehen, fein würfeln und mit 1 Messerspitze Salz fein zerreiben. Knoblauch-Salz-Mischung mit Senf, Honig, Joghurt und Pfeffer glatt rühren.

3 Für den Salat von den Chicorées und dem Radicchio die trockenen, welken Blätter ablösen. Die Salate halbieren und die dicken Blattrippen herausschneiden. Salate in Streifen schneiden, abspülen und gut abtropfen lassen. Tomaten abspülen, abtrocknen und evtl. die Stängelansätze herausschneiden.

4 Die Hälfte des Sonnenblumenöls in einer beschichteten Pfanne (Ø 24 cm) erhitzen. Die Hälfte der Eiermasse gleichmäßig auf dem Boden der Pfanne verteilen. Das Omelett von beiden Seiten hellbraun backen. Anschließend auf einen Teller gleiten lassen und etwas abkühlen lassen. Aus dem restlichen Teig in dem restlichen Sonnenblumenöl wie beschrieben ein weiteres Omelett backen.

5 Die Omeletts mit dem Frischkäse bestreichen, mit etwas Salz und Pfeffer würzen. Ajvar gleichmäßig darauf verteilen. Jedes Omelett aufrollen und schräg in breite Scheiben schneiden. Die vorbereiteten Salatzutaten mit dem Dressing vermischen und mit den Omelett-Röllchen auf einem Teller anrichten.

Tipp: Wenn Sie keine Sojasauce verwenden möchten, können Sie natürlich auch Salz verwenden. Zum Mitnehmen Salat, Dressing und Omelett-Röllchen separat verpacken. Die Omelett-Röllchen mit Holzspießen feststecken.

FITMACHER-TIPP:

Eier liefern jede Menge Eiweiß. Das kurbelt die Fettverbrennung an und wird für den Aufbau von Muskelmasse benötigt.

ASIATISCHER SCHICHTSALAT

VEGAN

4 Portionen

Pro Portion:
E: 7 g, F: 11 g, Kh: 19 g,
kJ: 883, kcal: 211, BE: 2,0

50 g Glasnudeln
½ kleiner Chinakohl (etwa 150 g)
½ Bio-Salatgurke
1 rote Pfefferschote

Für die Marinade:
2½ EL Reisweinessig
1½ EL Limettensaft
3 EL Sojasauce
1 TL rote Currypaste (erhältlich im Asialaden)
3 EL Sesamöl
Salz
gem. Pfeffer
1 EL Zucker

75 g geraspelte Möhren
90 g abgetropfte Mungobohnensprossen (aus der Dose)
125 g Bio-Tofu

Zubereitungszeit:
50 Minuten, ohne Abkühl- und Durchziehzeit

1 Die Glasnudeln nach Packungsanleitung garen. Anschließend in einem Sieb gut abtropfen und erkalten lassen.

2 Den Chinakohl putzen. Den halben Kohl nochmals halbieren und den Strunk herausschneiden. Kohl in schmale Streifen schneiden, abspülen und sehr gut abtropfen lassen. Die Salatgurke abspülen, abtrocknen und das Ende abschneiden. Gurke längs halbieren, entkernen und in dünne Scheiben schneiden. Pfefferschote abspülen, abtrocknen, halbieren und in kleine Würfel schneiden. Gurkenscheiben mit den Pfefferschotenwürfeln vermischen.

3 Für die Marinade Essig mit Limettensaft, Sojasauce und Currypaste verrühren. Das Sesamöl unterschlagen, mit Salz, Pfeffer und Zucker würzen.

4 Zwei Drittel der Chinakohlstreifen in 4 hohen Gläsern verteilen. Möhrenraspel daraufgeben, mit gut 1 Esslöffel der Marinade beträufeln. Die Gurken-Pfefferschoten-Mischung daraufgeben. Wieder mit 1–2 Esslöffeln der Marinade beträufeln.

5 Zuerst die Mungobohnensprossen, dann die Glasnudeln daraufgeben. Die restlichen Chinakohlstreifen darauf verteilen und mit der Hälfte der restlichen Marinade beträufeln.

6 Tofu zerbröseln, mit der restlichen Marinade verrühren und als Abschluss auf die Chinakohlstreifen geben. Den Schichtsalat mit Frischhaltefolie zugedeckt in den Kühlschrank stellen und mindestens 5–6 Stunden durchziehen lassen.

FITMACHER-TIPP:

Tofu ist „Quark" aus Sojamilch und aufgrund seines neutralen Geschmacks durch die unterschiedlichsten Gewürzvarianten sehr wandelbar. Für Vegetarier und Veganer ist er eine hervorragende Eiweißquelle. Tofu enthält zudem Eisen und Calcium. Er ist laktose-, gluten- und cholesterinfrei.

ROSENKOHL-CHAMPIGNON-SALAT

VEGAN

2 Portionen

Pro Portion:
E: 14 g, F: 12 g, Kh: 54 g,
kJ: 1626, kcal: 388, BE: 2,0

500 g Rosenkohl
Salzwasser
2 EL Distelöl
2 TL Currypulver
125 g Rosinen
100 ml Gemüsebrühe
150 g rosé Champignons
1 Fleischtomate

4 Stängel Koriander

Zubereitungszeit:
30 Minuten

1 Von dem Rosenkohl die äußeren Blätter entfernen und etwas vom Strunk abschneiden. Röschen am Strunk kreuzförmig einschneiden, abspülen und abtropfen lassen. Rosenkohlröschen halbieren.

2 Den Rosenkohl in kochendem Salzwasser bissfest garen. Rosenkohl mit kaltem Wasser abschrecken, abtropfen lassen und in eine Schüssel geben.

3 Distelöl in einem kleinen Topf erhitzen. Curry und Rosinen darin andünsten. Gemüsebrühe hinzugießen und aufkochen lassen.

4 Die Brühe auf dem Rosenkohl verteilen, gut vermischen und auf einer Platte anrichten.

5 Die Champignons putzen, evtl. kurz abspülen, gut trocken tupfen und in dünne Scheiben schneiden oder hobeln. Die Tomate abspülen, vierteln, entkernen und den Stängelansatz herausschneiden. Tomate in kleine Würfel schneiden.

6 Die Champignonscheiben und Tomatenwürfel auf dem Rosenkohl verteilen. Koriander abspülen und trocken tupfen. Die Blättchen von den Stängeln zupfen. Den Rosenkohl-Champignon-Salat mit Korianderblättchen garniert servieren.

FITMACHER-TIPP:

Frischer Rosenkohl bleibt in einem Gefrierbeutel im Gemüsefach 3–4 Tage frisch. Er sollte jedoch nicht zusammen mit anderen Obst- und Gemüsesorten wie Äpfeln, Pflaumen oder Tomaten gelagert werden, da diese Ethylen ausstrahlen. Rosenkohl reagiert auf dieses Gas sehr empfindlich, seine Haltbarkeit wird wesentlich verkürzt.

KARTOFFELSALAT MIT KRESSE

VEGAN

2 Portionen

Pro Portion:
E: 11 g, F: 18 g, Kh: 49 g,
kJ: 1694, kcal: 404, BE: 4,0

600 g festkochende Kartoffeln
1 große Möhre (etwa 150 g)

Für die Sauce:
200 ml Gemüsebrühe
1 ½ EL weißer Balsamico-Essig
Salz
gem. Pfeffer
2 EL Olivenöl

250 g rosé Champignons
1 ½ EL Olivenöl
1 Kästchen rote Daikonkresse

Zubereitungszeit:
20 Minuten, ohne Durchzieh- und Abkühlzeit
Garzeit:
20–25 Minuten

1 Die Kartoffeln unter fließendem Wasser abbürsten, knapp mit Wasser bedeckt, zugedeckt zum Kochen bringen und in etwa 20 Minuten gar kochen. Kartoffeln abgießen, mit kaltem Wasser abschrecken, abtropfen lassen. Kartoffeln noch warm pellen, in Scheiben schneiden und in eine Schüssel geben.

2 Möhre putzen, schälen, abspülen und abtropfen lassen. Anschließend die Möhre auf der Haushaltsreibe fein raspeln.

3 Für die Sauce Brühe mit Essig, Salz und Pfeffer verrühren. Das Olivenöl unterschlagen. Möhrenstreifen und Sauce zu den Kartoffelscheiben geben, vorsichtig untermischen. Den Salat etwa 30 Minuten durchziehen lassen.

4 In der Zwischenzeit die Champignons putzen, evtl. kurz abspülen und trocken tupfen. Pilze in Scheiben schneiden. Olivenöl in einer Pfanne erhitzen. Die Champignonscheiben hinzufügen und unter gelegentlichem Rühren in 3–4 Minuten hellbraun braten, mit Pfeffer würzen. Champignons abkühlen lassen und unter den Kartoffelsalat heben.

5 Kresse abspülen und trocken tupfen. Die Blättchen von den Stängeln schneiden. Den Salat mit Salz und Pfeffer würzen. Die Kresseblättchen unterheben.

Tipp: Die rote Daikonkresse erinnert im Geschmack an Kreuzkümmel (Cumin). Sie kann durch einfache Kresse ersetzt werden.

FITMACHER-TIPP:

Kartoffeln zählen zu den Grundnahrungsmitteln. Sie stecken voller Vitamine und Mineralstoffe und machen wunderbar satt. Der Kartoffelsalat ist zum Sattessen als Hauptgericht gedacht. Soll der Salat nur eine Beilage sein, reichen 400 g Kartoffeln und 1 kleine Möhre (etwa 100 g) aus. Die restlichen Zutatenmengen müssen jedoch nicht verändert werden und bleiben gleich.

RADIESCHEN-SALAT

MIT SESAM-FALAFEL

2–4 Portionen

Pro Portion:
E: 7 g, F: 18 g, Kh: 15 g,
kJ: 1051, kcal: 251, BE: 1,0

50 g getrocknete Kichererbsen
1 Frühlingszwiebel
je 1 Stängel Minze, Dill, glatte Petersilie und Koriander
50 g abgetropfte weiße Bohnen (aus der Dose)
Salz
gem. Pfeffer
½ gestr. TL gem. Kreuzkümmel (Cumin)
½ gestr. TL Dr. Oetker Backin
1 TL Wasser
10 g Sesamsamen, ungeschält

etwa 1 l Speiseöl, z. B. Sonnenblumenöl

Für den Joghurt-Dip und den Salat:
125 g Sahnejoghurt (10 % Fett)
½ gestr. TL gem. Kreuzkümmel (Cumin)
250 g Cocktailtomaten
120 g Radieschen
1 EL Zitronensaft
1 ½ EL Olivenöl

Zubereitungszeit:
40 Minuten, ohne Einweich-, Ausback- und Abkühlzeit

1 Die Kichererbsen etwa 12 Stunden in kaltem Wasser einweichen. Anschließend in ein Sieb geben und gut abtropfen lassen.

2 Frühlingszwiebel putzen, abspülen und abtropfen lassen. Eine Hälfte in feine Scheiben schneiden. Die andere Hälfte beiseitelegen.

3 Alle Kräuter abspülen und trocken tupfen. Von jedem Stängel ein Drittel abschneiden, jeweils die Blättchen bzw. Spitzen davon abzupfen und grob schneiden. Restliche Kräuter beiseitelegen.

4 Bohnen in einem Sieb kalt abspülen und sehr gut abtropfen lassen. Bohnen, Kichererbsen, Frühlingszwiebelscheiben, gehackte Kräuter, Salz, Pfeffer und Kreuzkümmel sehr fein pürieren.

5 Das Backpulver in dem Wasser auflösen, zum Bohnenpüree geben und mit den Händen gleichmäßig unter die Masse mischen. Aus der Bohnenpüree-Masse 6 gleich große, glatte Kugeln formen. Jeweils eine Kugelseite fest in den Sesam drücken.

6 Das Speiseöl in einem Topf auf etwa 175 °C erhitzen. Die Falafel darin in 2–3 Portionen jeweils 4–5 Minuten goldbraun backen. Die fertigen Falafel auf Küchenpapier abtropfen und erkalten lassen.

7 Für den Joghurt-Dip und den Salat Joghurt mit Kreuzkümmel und Salz verrühren. Restliche Frühlingszwiebelhälfte in sehr feine Scheiben schneiden. Tomaten abspülen, abtrocknen und evtl. die Stängelansätze herausschneiden. Radieschen putzen, abspülen und abtropfen lassen. Radieschen und Tomaten in kleine Stücke schneiden.

8 Von den restlichen Kräutern die Blättchen bzw. Spitzen abzupfen und evtl. etwas kleiner schneiden. Tomaten, Radieschen, Frühlingszwiebeln und Kräuter in eine Schüssel geben, mit Zitronensaft und Olivenöl mischen, mit etwas Salz und Pfeffer würzen. Die Sesam-Falafel portionsweise mit dem Salat und dem Joghurt anrichten.

FITMACHER-TIPP:

Radieschen sind meist kugelig rund und rot, können aber auch oval und weiß sein. Immer aber sollen sie knackig, saftig und scharf sein. Sie enthalten Kalium und Eisen, aber nur etwa 14 kcal pro 100 g geputzter Ware. Radieschen können im Kühlschrank 2 Tage gelagert werden. Dafür vorher das Grün abschneiden und die Radieschen in ein feuchtes Tuch einschlagen oder in eine luftdicht verschlossene Dose legen.

FELDSALAT MIT GESCHMORTEN WURZELN

AUS DEM OFEN

4 Portionen

Pro Portion:
E: 5 g, F: 13 g, Kh: 43 g,
kJ: 1321, kcal: 316, BE: 3,5

Für die geschmorten Wurzeln:
600 g Rote Bete
Salz
400 g große Möhren
400 g Pastinaken
25 g Walnusskernhälften

Für die Malzbier-Honig-Vinaigrette:
100 ml Malzbier
4 EL Akazienhonig
8 EL Himbeeressig
1 EL Thymianblättchen
3 EL Walnussöl
gem. Pfeffer

100 g Feldsalat

Zubereitungszeit:
35 Minuten
Garzeit:
40 Minuten

1. Den Backofen vorheizen.
Ober-/Unterhitze: etwa 200 °C, Heißluft: etwa 180 °C.

2. Für die Wurzeln Rote Bete schälen, halbieren und in 2 cm breite Spalten schneiden. Rote-Bete-Spalten mit Salz mischen, dann auf einem Backblech (mit Backpapier belegt) so verteilen, dass noch etwa zwei Drittel des Backblechs frei bleiben. Das Backblech in den vorgeheizten Backofen (Mitte) schieben. Die Rote-Bete-Spalten etwa 10 Minuten garen.

3. In der Zwischenzeit Möhren und Pastinaken putzen, schälen, abspülen und abtropfen lassen. Möhren und Pastinaken der Länge nach vierteln. Möhren- und Pastinakenviertel mit Salz mischen, nach den 10 Minuten Garzeit zu den Rote-Bete-Spalten auf die freie Fläche des Backblechs geben. Das Gemüse im heißen Backofen weitere 30 Minuten garen. Dabei nach etwa 15 Minuten Garzeit das Gemüse einmal wenden. Die Walnusskernhälften vierteln und 10 Minuten vor Garzeitende auf das Gemüse streuen.

4. In der Zwischenzeit für die Vinaigrette Malzbier mit Honig, Himbeeressig und Thymian mischen. Das Walnussöl unterschlagen. Vinaigrette mit Salz und Pfeffer würzen.

5. Feldsalat gründlich waschen, putzen und gut abtropfen lassen oder trocken schleudern.

6. Nach Garzeitende das Backblech auf einen Küchenrost stellen. Die Hälfte der Vinaigrette sofort auf das heiße Gemüse geben und vorsichtig untermischen. Das Gemüse auf Tellern anrichten. Feldsalat mit der restlichen Vinaigrette mischen und ebenfalls auf den Tellern anrichten. Den Salat sofort servieren.

FITMACHER-TIPP:

Rote Bete ist ein typisch deutsches Wintergemüse. Die Knolle ist kalorienarm und sehr gesund, zum Beispiel stecken Eiweiß, Vitamin C, Kalium, Zink und Ballaststoffe in der Rübe. Da frische Rote Bete stark färbt, empfiehlt es sich, beim Schälen und Schneiden Gummihandschuhe zu tragen.

BROTSALAT MIT ROTEN ZWIEBELN

VEGAN

4 Portionen

Pro Portion:
E: 6 g, F: 18 g, Kh: 23 g,
kJ: 1140, kcal: 272, BE: 2,0

Für die Brotwürfel:
150 g Fladenbrot
1–2 Knoblauchzehen
2 EL Olivenöl

1–2 EL Kürbiskerne

125 g Cocktailtomaten
1 rote Zwiebel
½ rote Paprikaschote
½ Bio-Salatgurke (etwa 200 g)
½ Bund glatte Petersilie
7 entsteinte Kräuteroliven
Salz
gem. Pfeffer
3–4 EL Zitronensaft
3 EL Olivenöl

Zubereitungszeit:
etwa 40 Minuten, ohne Abkühlzeit

1 Für die Brotwürfel das Fladenbrot in etwa 1 cm große Würfel schneiden. Knoblauch abziehen und fein würfeln. Das Olivenöl in einer Pfanne erhitzen. Die Brotwürfel darin bei mittlerer Hitze anrösten, dabei ab und zu umrühren. Knoblauch hinzufügen und kurz mitbraten. Die Brotwürfel aus der Pfanne nehmen und auf einem Teller erkalten lassen.

2 In der Zwischenzeit die Kürbiskerne in der Pfanne ohne Fett unter gelegentlichem Wenden anrösten. Dann die Kürbiskerne auf einen Teller geben und erkalten lassen.

3 Die Cocktailtomaten abspülen, abtrocknen, halbieren und die Stängelansätze entfernen. Zwiebel abziehen, halbieren und in dünne Streifen schneiden. Die Paprikaschote halbieren, entstielen, entkernen und die weißen Scheidewände entfernen. Die Schote abspülen, trocken tupfen und in Würfel schneiden.

4 Die Gurke abspülen, abtrocknen und das Ende abschneiden. Die Gurke evtl. schälen. Die Gurke längs vierteln und in kleine Stücke schneiden.

5 Petersilie abspülen, trocken tupfen und die Blättchen von den Stängeln zupfen. Die Blättchen fein schneiden.

6 Tomatenhälften, Zwiebelstücke, Paprikawürfel und Gurkenstücke in einer großen Schüssel mit Petersilie, Oliven und Kürbiskernen mischen. Den Salat mit Salz, Pfeffer und Zitronensaft würzen, mit dem Olivenöl beträufeln. Die Brotwürfel unterheben und den Salat sofort servieren.

FITMACHER-TIPP:

Greifen Sie bei Brot immer wieder zu dunkleren Sorten, bei denen das Korn mit der Schale gemahlen wurde. In der Schale stecken viele Vitamine und Mineralstoffe. Auch diese Brotwürfel können Sie sehr gut mit dunkleren Brotsorten zubereiten. Die Brotwürfel erst kurz vor dem Verzehr mit den restlichen Salatzutaten mischen, damit sie nicht durchweichen.

LÖWENZAHN-SPINAT-SALAT

MIT SCHAFSKÄSE UND COCKTAILTOMATEN

4 Portionen

Pro Portion:
E: 11 g, F: 20 g, Kh: 9 g,
kJ: 1096, kcal: 261, BE: 0,5

150 g Löwenzahnblätter
150 g junger Blattspinat
200 g Cocktailtomaten

Für die Salatsauce:
2 EL weißer Balsamico- oder Weißweinessig
1 TL mittelscharfer Senf
1 EL flüssiger Honig
4 EL Olivenöl
Salz
gem. Pfeffer

200 g Schafskäse
Löwenzahnblütenblätter (von 2 Blüten)

Zubereitungszeit:
15 Minuten

1 Löwenzahnblätter und Blattspinat gründlich abspülen, abtropfen lassen und mit Küchenpapier trocken tupfen.

2 Tomaten abspülen, trocken tupfen, halbieren und die Stängelansätze herausschneiden.

3 Für die Sauce den Essig mit Senf und Honig verrühren. Olivenöl unterschlagen, mit Salz und Pfeffer würzen.

4 Löwenzahnblätter und Blattspinat in eine Schüssel geben, mit der Salatsauce gut vermischen. Den Salat auf 4 Tellern oder einer Platte anrichten.

5 Schafskäse in Würfel schneiden. Den Salat mit den Tomatenhälften und Schafskäsewürfeln garnieren.

6 Die Löwenzahnblütenblätter gründlich abspülen, trocken tupfen und auf dem Löwenzahn-Spinat-Salat verteilen.

Tipp: Zu diesem Salat können Sie auch sehr gut die Tomaten-Orangen-Vinaigrette oder die Möhren-Aprikosen-Vinaigrette von Seite 8 aus diesem Buch zubereiten.

FITMACHER-TIPP:

Jungen Spinat und Löwenzahn gibt es eher in den Frühjahrs- und Sommermonaten zu kaufen. Im Herbst und im Winter können Sie beides durch Feldsalat ersetzen. Aufgrund eines Rechenfehlers galt Spinat lange als hervorragender Eisenlieferant. Auch wenn der Eisengehalt nicht ganz so hoch ist, wertvoll ist Spinat auf jeden Fall. Spinat enthält sekundäre Pflanzenstoffe und ist reich an Vitaminen und Mineralstoffen.

NUDELN & KARTOFFELN

Pasta in Form von Penne, Rigatoni, Spaghetti, Spirelli oder Kritharaki und Kartoffeln mit so wundervollen Namen wie Annabelle, Cilena, Linda, Nicola oder Sieglinde. Alles Glücklichmacher mit ordentlich Power und damit die beste Basis für Salate.

ZITRONEN-PASTA-SALAT

WARM GENIEßEN

4 Portionen

Pro Portion:
E: 12 g, F: 14 g, Kh: 50 g,
kJ: 1586, kcal: 378, BE: 4,0

Zum Vorbereiten:
2 ½ l Wasser
2 ½ gestr. TL Salz
250 g Nudeln, z. B. Penne oder Rigatoni

60 g schwarze Kalamataoliven, mit Stein
1 Bio-Zitrone (unbehandelt, ungewachst)
600 g Cocktailtomaten
4 Stängel Basilikum
3–4 EL Olivenöl
40 g abgetropfte Kapern
¼–½ EL Chiliflocken
200 ml Gemüsebrühe
20 g Parmesan, fein gerieben

Zubereitungszeit:
25 Minuten

1 Zum Vorbereiten Wasser in einem großen Topf zugedeckt zum Kochen bringen. Dann Salz und Nudeln zugeben. Die Nudeln im geöffneten Topf bei mittlerer Hitze nach Packungsanleitung bissfest kochen, dabei gelegentlich umrühren. Anschließend die Nudeln in ein Sieb geben (nicht abschrecken!) und gut abtropfen lassen.

2 Die Oliven vom Stein schneiden. Die Zitrone mit heißem Wasser abwaschen, abtrocknen und die Schale mit einem Zestenreißer fein abschälen. Zitrone halbieren, den Saft auspressen und 4 Esslöffel davon abmessen.

3 Tomaten abspülen, abtrocknen, halbieren und evtl. die Stängelansätze herausschneiden. Basilikum abspülen, trocken tupfen und die Blättchen von den Stängeln zupfen. Blättchen grob schneiden.

4 Olivenöl in einer großen Pfanne erhitzen. Tomaten, Kapern, Oliven, Chiliflocken und Zitronenzesten darin etwa 1 Minute unter Rühren anbraten, mit Salz würzen. Die Zutaten mit dem abgemessenen Zitronensaft und der Gemüsebrühe ablöschen, dann auf die Hälfte einkochen lassen. Basilikum untermischen.

5 Die Zutaten mit der Pasta mischen. Den Zitronen-Pasta-Salat mit Parmesan bestreuen und warm servieren.

FITMACHER-TIPP:

Mit den richtigen Zutaten kombiniert, liefern Nudeln nur wenig Fett, dafür viele Kohlenhydrate und damit jede Menge Energie. Nudeln sind das ideale Essen für alle, die sich viel bewegen, zum Beispiel Sportler. Greifen Sie bei Pasta auch immer wieder zu Vollkorn-Nudeln, die mit zusätzlichen Ballaststoffen punkten.

SPAGHETTISALAT
MIT JOGHURT-PESTO

ENERGIE-KICK

4 Portionen

Pro Portion:
E: 19 g, F: 17 g, Kh: 52 g,
kJ: 1886, kcal: 450, BE: 4,0

100 g Zuckerschoten oder TK-Erbsen
2 ½ l Wasser
2 ½ gestr. TL Salz
250 g Hartweizen-Spaghetti oder helle Vollkorn-Spaghetti
1 EL Olivenöl
250 g Cocktailtomaten
4 Frühlingszwiebeln (ersatzweise 1 Bund frischer oder 25 g TK-Schnittlauch)

Für das Joghurt-Pesto:
150 g Joghurt (3,5 % Fett)
50 ml Gemüsebrühe
2 EL Kräuter-Pesto (aus dem Glas)
Salz
gem. Pfeffer
2 hart gekochte Eier (Größe M)
3–4 EL frisch gehobelter Parmesan
einige frische Basilikumblättchen

Zubereitungszeit:
20 Minuten, ohne Abkühl- oder Durchziehzeit

1 Von den Zuckerschoten die Enden abschneiden. Schoten eventuell abfädeln, dann abspülen, abtropfen lassen und halbieren.

2 Wasser in einem großen Topf zugedeckt zum Kochen bringen. Dann Salz und Spaghetti hinzugeben. Die Spaghetti im geöffneten Topf bei mittlerer Hitze nach Packungsanleitung bissfest kochen, dabei gelegentlich umrühren.

3 Zuckerschotenhälften oder die gefrorenen Erbsen etwa 2 Minuten vor Ende der Garzeit zu den Spaghetti in den Topf geben und mitgaren lassen.

4 Anschließend die Spaghetti mit den Zuckerschotenhälften oder Erbsen in ein Sieb geben, mit kaltem Wasser abspülen, abtropfen lassen und mit Olivenöl beträufeln. Die Spaghetti mit einer Gabel auflockern, damit sie nicht verkleben. Spaghetti mit den Zuckerschotenhälften oder Erbsen erkalten lassen.

5 Tomaten abspülen, abtrocknen, halbieren und evtl. die Stängelansätze herausschneiden. Frühlingszwiebeln putzen, abspülen, abtropfen lassen und in feine Scheiben schneiden.

6 Spaghetti mit den Zuckerschotenhälften oder Erbsen in eine große Schüssel geben. Tomatenhälften und Frühlingszwiebelscheiben hinzugeben und vorsichtig untermischen.

7 Für das Joghurt-Pesto Joghurt mit Brühe und Pesto verrühren, mit Salz und Pfeffer kräftig würzen. Die Marinade mit den Salatzutaten gut vermischen. Den Spaghettisalat zugedeckt etwa 20 Minuten durchziehen lassen.

8 Eier pellen und halbieren. Den Spaghettisalat nochmals mit Salz und Pfeffer abschmecken. Eventuell noch etwas Brühe unterrühren. Den Spaghettisalat mit Parmesan, Eierhälften und abgespülten, trocken getupften Basilikumblättchen anrichten.

FITMACHER-TIPP:

Besonders viele Mineral- und Ballaststoffe erhält dieser Salat, wenn Sie ihn mit Vollkorn-Nudeln zubereiten.

BUNTER SPIRELLI-SCHICHTSALAT

PARTYTAUGLICH

4 Portionen

Pro Portion:
E: 23 g, F: 16 g, Kh: 55 g,
kJ: 1925, kcal: 459, BE: 4,0

2 ½ l Wasser
2 ½ gestr. TL Salz
250 g bunte Nudeln, z. B. Spirelli
300 g TK-Mix-Gemüse,
z. B. Romanesco- oder Brokkoli- oder Blumenkohl-Mix
4 mittelgroße Fleischtomaten

Für das Dressing:
1 Zwiebel
200 g Joghurt (1,5 % Fett)
200 g Kräuter-Frischkäse (16 % Fett)
50 ml Kochwasser (von Nudeln und Gemüse)
Salz
gem. Pfeffer

100 g abgetropfte Schafskäse- oder Fetawürfel, in Öl eingelegt
½ Bund frisches Basilikum

Zubereitungszeit:
30 Minuten, ohne Abkühlzeit

1 Das Wasser in einem großen Topf zugedeckt zum Kochen bringen. Danach Salz und Nudeln zugeben. Die Nudeln im geöffneten Topf bei mittlerer Hitze nach Packungsanleitung bissfest kochen, dabei gelegentlich umrühren.

2 TK-Gemüse etwa 5 Minuten vor Garzeitende hinzugeben und mit den Nudeln garen lassen. Die Nudel-Gemüse-Mischung in ein Sieb geben, dabei das Kochwasser auffangen und 50 ml davon abmessen. Nudel-Gemüse-Mischung mit kaltem Wasser abspülen, gut abtropfen und erkalten lassen.

3 In der Zwischenzeit Tomaten abspülen, abtrocknen, halbieren und die Stängelansätze herausschneiden. Tomatenhälften in Scheiben schneiden.

4 Für das Dressing Zwiebel abziehen, halbieren und fein würfeln oder mit einem Blitzhacker klein hacken. Den Joghurt mit Frischkäse, Zwiebelwürfeln und dem aufgefangenen Kochwasser glatt rühren, mit Salz und Pfeffer abschmecken.

5 Die vorbereiteten Salatzutaten und die Käsewürfel abwechselnd in Portionsgläser oder in eine große, hohe Glasschüssel schichten. Dabei auf jede Schicht etwas Dressing geben. Die letzte Schicht sollte aus Dressing und Käsewürfeln bestehen.

6 Basilikum abspülen, trocken tupfen und die Blättchen von den Stängeln zupfen. Die Blättchen in feine Streifen schneiden. Den Schichtsalat mit Basilikumstreifen bestreuen.

FITMACHER-TIPP:

Verwenden Sie Basilikum immer möglichst frisch und schneiden Sie die Blättchen erst unmittelbar vor dem Verzehr in Streifen. Geschnitten verfliegen die Aromastoffe sehr schnell.

TÜRKISCHER REISNUDELSALAT

ETWAS TEURER

4 Portionen

Pro Portion:
E: 21 g, F: 20 g, Kh: 63 g,
kJ: 2155, kcal: 514, BE: 5,0

2 ½ l Wasser
2 ½ gestr. TL Salz
250 g Arpa Sehriye oder Kritharaki (reiskornförmige Nudeln)
30 g Pinienkerne
250 g Lammfilets
gem. Pfeffer
2 EL Olivenöl

250 g gelbe Spitzpaprikaschoten
1 Zucchini
1 Bund Frühlingszwiebeln
1 Bund glatte Petersilie

Für die Sauce:
4 EL Zitronensaft
etwas Pul Biber (geschrotete Pfefferschoten)
gem. Kreuzkümmel (Cumin)
50 ml Olivenöl

Zubereitungszeit:
60 Minuten, ohne Abkühl- und Durchziehzeit

1 Wasser in einem großen Topf zugedeckt zum Kochen bringen. Dann Salz und Nudeln zugeben. Die Nudeln im geöffneten Topf bei mittlerer Hitze nach Packungsanleitung bissfest kochen, dabei gelegentlich umrühren. Anschließend die Nudeln in ein Sieb geben, mit kaltem Wasser abspülen und abtropfen lassen.

2 In der Zwischenzeit die Pinienkerne in einer Pfanne ohne Fett unter Wenden goldbraun rösten. Die Pinienkerne auf einen Teller geben. Lammfilets mit Küchenpapier trocken tupfen, mit Salz und Pfeffer würzen. Das Olivenöl in einer Pfanne erhitzen. Die Filets darin unter Wenden etwa 10 Minuten braten. Die Filets aus der Pfanne nehmen, in Alufolie einwickeln und ruhen lassen.

3 Spitzpaprikaschoten halbieren, entstielen, entkernen und die weißen Scheidewände entfernen. Schoten abspülen, abtropfen lassen und in dünne, halbe Ringe schneiden. Zucchini abspülen, abtrocknen und die Enden abschneiden. Zucchini fein würfeln.

4 Frühlingszwiebeln putzen, abspülen, abtropfen lassen und in feine Scheiben schneiden. Petersilie abspülen und trocken tupfen. Die Blättchen von den Stängeln zupfen und fein hacken.

5 Die Nudeln, Paprika, Zucchini, Frühlingszwiebeln und Petersilie in eine große Schüssel geben.

6 Für die Sauce Zitronensaft mit Salz, Pfeffer, Pul Biber und Kreuzkümmel verrühren. Das Olivenöl unterschlagen. Die Sauce mit den Salatzutaten vermengen und den Salat nochmals abschmecken. Lammfilet in Würfel oder Scheiben schneiden, mit den Pinienkernen dazugeben und den Salat servieren.

FITMACHER-TIPP:

Reisnudeln sind kleine, reisförmige Nudeln. In Griechenland heißen sie Kritharaki und in der Türkei Arpa Sehriye. Der Salat kann bis auf Punkt 2 gut am Vortag zubereitet werden und zugedeckt im Kühlschrank durchziehen. Etwa 30 Minuten vor dem Servieren den vorbereiteten Salat aus dem Kühlschrank nehmen, das Lammfleisch und die Pinienkerne, wie in Punkt 2 beschrieben zubereiten und mit dem vorbereiteten Salat anrichten.

PIKANTER NUDELSALAT
MIT HÄHNCHENFILET

SCHNELL

4 Portionen

Pro Portion:
E: 23 g, F: 20 g, Kh: 49 g,
kJ: 1981, kcal: 473, BE: 4,0

2 ½ l Wasser
2 ½ gestr. TL Salz
250 g Nudeln, z. B. Mini-Penne

Für das Dressing:
4 EL Weißweinessig
4 EL heiße Gemüsebrühe
1 Msp. Chiliflocken
2–3 EL Sojasauce
6 EL Sojaöl
1 Knoblauchzehe
½ gestr. TL gem. Ingwer
3 Frühlingszwiebeln

200 g abgetropfter Kürbis in Stückchen (aus dem Glas)
200 g gebratene Hähnchenfilet-Streifen (aus dem Kühlregal)
Salz
gem. Pfeffer

2 EL gehackte, geröstete Erdnusskerne

Zubereitungszeit:
25 Minuten, ohne Durchziehzeit

1 Wasser in einem großen Topf zugedeckt zum Kochen bringen. Dann Salz und Nudeln hinzugeben. Die Nudeln im geöffneten Topf bei mittlerer Hitze nach Packungsanleitung bissfest kochen, dabei gelegentlich umrühren.

2 In der Zwischenzeit für das Dressing Essig mit Brühe, Chili und Sojasauce in einer großen Salatschüssel verrühren. Das Sojaöl unterschlagen. Knoblauch abziehen, durch eine Knoblauchpresse drücken, mit dem Ingwer unter das Dressing rühren.

3 Frühlingszwiebeln putzen, abspülen, abtropfen lassen, in feine Scheiben schneiden und unterrühren.

4 Die garen Nudeln in ein Sieb geben, mit kaltem Wasser abspülen und abtropfen lassen. Die Nudeln mit dem Dressing vermischen. Den Salat etwa 5 Minuten durchziehen lassen.

5 Anschließend die Kürbisstückchen und Hähnchenfilet-Streifen unter den Nudelsalat heben.

6 Den Nudelsalat mit Salz und Pfeffer abschmecken, mit Erdnusskernen bestreuen.

Tipp: Den Salat evtl. auf fein geschnittenem Radicchio oder Chinakohl anrichten.

FITMACHER-TIPP:

Erdnüsse enthalten sehr viel Fett. In Maßen genossen sind Sie aber ein wertvoller Lieferant von Eiweiß, B-Vitaminen, Fluor und Jod. Achten Sie jedoch darauf gute Markenware zu kaufen, da vor allem Billigprodukte mit Aflatoxinen (Schimmelpilzgiften) belastet sein können.

SKANDINAVISCHER NUDELSALAT

SCHNELL GEMACHT

4 Portionen

Pro Portion:
E: 20 g, F: 13 g, Kh: 54 g,
kJ: 1762, kcal: 421, BE: 4,5

2 ½ l Wasser
2 ½ gestr. TL Salz
250 g Nudeln, z. B. Hörnchennudeln

6 EL heiße Gemüsebrühe
Salz
gem. Pfeffer
1 Bio-Salatgurke
2–3 Stängel Dill
2 EL saure Sahne oder Schmand (Sauerrahm)
etwas Zucker
140 g abgetropfter Gemüsemais (aus der Dose)
200 g gegarte, geschälte Garnelen

Zubereitungszeit:
30 Minuten, ohne Durchziehzeit

1 Wasser in einem großen Topf zugedeckt zum Kochen bringen. Dann Salz und Nudeln zugeben. Die Nudeln im geöffneten Topf bei mittlerer Hitze nach Packungsanleitung bissfest kochen, dabei gelegentlich umrühren.

2 Anschließend die garen Nudeln in ein Sieb geben, mit kaltem Wasser abspülen und abtropfen lassen.

3 Die Nudeln mit der Gemüsebrühe in eine Salatschüssel geben, gut mischen, mit Salz und Pfeffer würzen.

4 Die Salatgurke heiß abwaschen, abtrocknen, nach Belieben schälen, dann die Enden abschneiden. Gurke in dünne Scheiben schneiden oder auf einer Haushaltsreibe hobeln.

5 Dill abspülen und trocken tupfen. Die Spitzen von den Stängeln zupfen und klein schneiden. Dill mit saurer Sahne oder Schmand verrühren. Die Sauce mit Salz, Pfeffer und Zucker abschmecken und mit den Gurkenscheiben vermengen.

6 Gemüsemais, Garnelen und den vorbereiteten Gurkensalat unter die Nudeln heben.

7 Den Salat etwa 5 Minuten durchziehen lassen. Dann den Salat nochmals mit Salz und Pfeffer abschmecken.

FITMACHER-TIPP:

Garnelen liefern jede Menge Proteine und dabei wenig Fett. Kaufen Sie wenn möglich Garnelen in Bio-Qualität aus nachhaltiger Zucht.

WARMER KARTOFFELSALAT

MIT SCHWEINERÜCKENSTEAKS

2 Portionen

Pro Portion:
E: 33 g, F: 15 g, Kh: 42 g,
kJ: 1854, kcal: 443, BE: 3,5

300 g kleine festkochende Kartoffeln (je etwa 35 g)
Salz
2 TL Paprikapulver edelsüß

Für die Salatsauce:
75 g Frühlingszwiebeln
½–1 EL Sambal Oelek
1 EL flüssiger Honig
2 EL Zitronensaft
2 EL Sojasauce
½ Knoblauchzehe
8 Minzeblättchen

Für die Steaks:
½ TL Currypulver scharf
½ TL gem. Ingwer
2 Schweinerückensteaks (je 125 g)
2 EL Speiseöl zum Braten

Zum Bestreuen:
½ Beet Gartenkresse
20 g Röstzwiebeln

Zubereitungszeit:
45 Minuten
Backzeit:
etwa 25 Minuten

1 Den Backofen vorheizen.
Ober-/Unterhitze: etwa 200 °C, Heißluft: etwa 180 °C.

2 Die Kartoffeln unter fließendem Wasser sehr gut abbürsten, dann abtropfen lassen. Die Kartoffeln längs vierteln und auf ein Backblech geben. Kartoffelspalten mit Salz und 1 Teelöffel Paprikapulver gut vermischen. Das Backblech in den vorgeheizten Backofen (Mitte) schieben. Die Kartoffelspalten in etwa 25 Minuten goldbraun backen.

3 In der Zwischenzeit für die Sauce Frühlingszwiebeln putzen, abspülen, trocken tupfen und in dünne Scheiben schneiden. Frühlingszwiebelscheiben mit Sambal Oelek, Honig, Zitronensaft und Sojasauce verrühren. Die halbe Knoblauchzehe abziehen, durch eine Knoblauchpresse dazudrücken und untermischen.

4 Minzeblättchen abspülen, trocken tupfen und klein schneiden. Minzeblättchen unter die Salatsauce mischen.

5 Für die Steaks restliches Paprikapulver mit Currypulver und Ingwer mischen. Die Steaks mit Küchenpapier trocken tupfen, dann mit der Gewürzmischung einreiben. Das Speiseöl in einer Pfanne erhitzen. Die Steaks darin bei starker Hitze von jeder Seite etwa 3 Minuten goldbraun braten. Anschließend die Steaks aus der Pfanne nehmen und zugedeckt etwa eine halbe Minute ruhen lassen.

6 Die Kartoffeln aus dem Ofen nehmen und mit der Frühlingszwiebel-Sauce vermengen. Die Steaks in dünne Scheiben schneiden und auf dem Salat anrichten. Kresse abspülen, trocken tupfen und vom Beet schneiden. Den Kartoffelsalat mit Kresse und Röstzwiebeln bestreut servieren.

FITMACHER-TIPP:

Honig wird häufig als gesunde Alternative zu Zucker angepriesen. Das ist leider nicht richtig. Honig sollte genauso sparsam eingesetzt werden. Er hat viele Kalorien und kann ebenso Karies verursachen. Allerdings schafft er Linderung bei Heiserkeit und Husten. Einfach 1 Teelöffel Honig langsam auf der Zunge zergehen lassen.

GOURMET-SALAT

VEGAN

4 Portionen

Pro Portion:
E: 9 g, F: 16 g, Kh: 45 g,
kJ: 1526, kcal: 364, BE: 3,0

Für den Salat:
700 g kleine festkochende Kartoffeln
300 g grüner Spargel
300 g junge Möhren mit Grün
6 junge Artischocken (etwa 300 g)
200 g Zuckerschoten
2–3 feste Tomaten
1 Bund Frühlingszwiebeln

Für die Kerbel-Vinaigrette:
1 Topf Kerbel
3 EL Himbeeressig
1 EL Balsamico-Essig
6 EL Olivenöl
Salz
gem. Pfeffer

Zubereitungszeit:
45 Minuten, ohne Abkühl- und Durchziehzeit
Garzeit (Kartoffeln):
15–20 Minuten

1 Die Kartoffeln unter fließendem Wasser abbürsten, knapp mit Wasser bedeckt, zugedeckt zum Kochen bringen und in 15–20 Minuten gar kochen. Kartoffeln abgießen, mit kaltem Wasser abschrecken und abtropfen lassen. Kartoffeln abkühlen lassen.

2 Inzwischen von dem Spargel die unteren, evtl. trockenen Enden abschneiden. Möhren putzen, schälen und das Grün bis auf 1–2 cm abschneiden. Artischocken halbieren und Stiele abschneiden. Von den Zuckerschoten die Enden abschneiden, evtl. abfädeln. Tomaten kreuzweise einschneiden. Die Frühlingszwiebeln putzen, abspülen und abtropfen lassen.

3 Das vorbereitete Gemüse abspülen und nacheinander im kochenden Salzwasser garen. Artischocken etwa 15 Minuten, Möhren mit Grün etwa 10 Minuten, Spargel etwa 5 Minuten, Zuckerschoten etwa 3 Minuten, Frühlingszwiebeln 2–3 Minuten, Tomaten nur 3–5 Sekunden. Das Gemüse in ein Sieb geben, mit kaltem Wasser abschrecken und abtropfen lassen. Von den Tomaten die Haut abziehen. Tomaten halbieren, evtl. entkernen, die Stängelansätze herausschneiden. Tomaten achteln.

4 Für die Vinaigrette Kerbel abspülen und trocken tupfen. Die Blättchen von den Stängeln zupfen. Blättchen klein schneiden. Beide Essigsorten mit dem Olivenöl verschlagen. Kerbel unterrühren, mit Salz und Pfeffer abschmecken.

5 Die vorbereiteten Salatzutaten auf einer großen Platte anrichten. Die Salatzutaten mit der Vinaigrette übergießen. Den Salat 1–2 Stunden kalt stellen und durchziehen lassen.

FITMACHER-TIPP:

Das Frühlingskraut Kerbel gehört zur Familie der Doldengewächse. Kerbel schmeckt aromatisch süß-pfefferig und erinnert dabei an Anis. Das Kraut kann wie Petersilie verwendet werden und passt zu Salaten, Suppen, Saucen, Fisch- und Käsegerichten, Kräuterquark und -butter, Spargel und Eiern. Kerbel darf nicht mitgekocht werden.

KARTOFFELSALAT NACH GRIECHISCHER ART

SCHNELL ZUBEREITET

4 Portionen

Pro Portion:
E: 12 g, F: 20 g, Kh: 46 g,
kJ: 1767, kcal: 418, BE: 3,5

Zum Vorbereiten:
800 g vorgegarte Pellkartoffeln, z. B. vom Vortag
2 EL Speiseöl, z. B. Olivenöl

150 g TK-Erbsen
3 EL Zitronensaft
3 abgetropfte grüne Pfefferschoten (mild, aus dem Glas)
2 abgetropfte Paprikahälften (aus dem Glas)
200 g Zaziki (aus dem Kühlregal)
100 g Joghurt (3,5 % Fett)
1 TL gehackte Dillspitzen
75 g abgetropfte schwarze Oliven, ohne Stein
Salz
gem. Pfeffer

Zubereitungszeit:
30 Minuten

1 Zum Vorbereiten die Kartoffeln pellen und in Scheiben schneiden. Speiseöl in einer großen Pfanne erhitzen. Die Kartoffelscheiben darin verteilen und etwa 4 Minuten bei mittlerer Hitze ohne Wenden braten. Dann die Bratkartoffeln umdrehen und weitere etwa 4 Minuten knusprig braun braten.

2 Die Bratkartoffeln aus der Pfanne nehmen und in eine Salatschüssel geben. Die gefrorenen Erbsen hinzugeben und untermischen. Die Bratkartoffel-Erbsen-Mischung mit Zitronensaft beträufeln und etwa 5 Minuten abkühlen lassen.

3 In der Zwischenzeit Pfefferschoten und Paprikahälften in kleine Stücke schneiden.

4 Zaziki mit Joghurt und Dillspitzen verrühren. Etwa zwei Drittel davon unter die Kartoffel-Erbsen-Mischung geben. Pfefferschoten-, Paprikastücke und Oliven vorsichtig unterheben.

5 Den Kartoffelsalat mit Salz und Pfeffer abschmecken. Die restliche Zaziki-Jogurt-Sauce in Klecksen daraufgeben. Den Salat sofort servieren.

FITMACHER-TIPP:

Wenn Sie Fett und Kalorien einsparen möchten, bereiten Sie den Salat mit den gepellten und in Scheiben geschnittenen Kartoffeln zu, ohne diese vorher in Speiseöl zu braten.
Den Kartoffelsalat mit den restlichen Pfefferschoten aus dem Glas garnieren.

KARTOFFEL-SPARGEL-SALAT

FRÜHLINGSFRISCH

4 Portionen

Pro Portion:
E: 13 g, F: 9 g, Kh: 39 g,
kJ: 1254, kcal: 299, BE: 3,0

600 g kleine neue Kartoffeln, z. B. Drillinge
800 g grüner Spargel
4 Möhren
Salzwasser
4 TL Sesamsamen
4 Frühlingszwiebeln

Für das Dressing:
500 g Joghurt (1,5 % Fett)
4 TL Sojasauce
4 TL Sesamöl
Salz
gem. Pfeffer

2 Beete Shiso-Kresse (ersatzweise 5 EL Gartenkresse)

Zubereitungszeit:
30 Minuten

1 Die Kartoffeln unter fließendem Wasser abbürsten, knapp mit Wasser bedeckt, zugedeckt zum Kochen bringen und in etwa 10 Minuten gar kochen.

2 In der Zwischenzeit von dem Spargel das untere Drittel schälen und die unteren Enden abschneiden. Spargel abspülen, abtropfen lassen und schräg in etwa 4 cm lange Stücke schneiden. Möhren putzen, schälen, abspülen, abtropfen lassen und in Stifte schneiden.

3 Spargelstücke in kochendem Salzwasser zugedeckt 6–8 Minuten bissfest garen. Möhrenstifte nach 4–6 Minuten Garzeit zum Spargel geben und mitgaren lassen.

4 Kartoffeln und Spargel mit den Möhrenstiften abgießen und abtropfen lassen. Die Kartoffeln nach Belieben pellen. Kartoffeln, Möhrenstifte und Spargel etwas abkühlen lassen.

5 In der Zwischenzeit Sesamsamen in einer Pfanne ohne Fett unter Wenden goldbraun rösten und auf einen Teller geben. Frühlingszwiebeln putzen, abspülen, abtropfen lassen und schräg in feine Scheiben schneiden.

6 Für das Dressing Joghurt mit Sojasauce und Sesamöl gut verrühren, mit Salz und Pfeffer würzen. Kartoffeln halbieren oder vierteln, mit den Frühlingszwiebelscheiben zum Dressing geben und unterrühren. Spargelstücke und Möhrenstifte vorsichtig unter den Salat heben.

7 Kresse abspülen, abtropfen lassen und vom Beet schneiden. Den Kartoffelsalat anrichten, mit Kresse und Sesam bestreuen.

FITMACHER-TIPP:

Grüner Spargel ist ein echter Frühlings-Fitmacher. Für Figurbewusste sind die schlanken Stangen ein ideales Gemüse. Spargel enthält praktisch kein Fett und nur sehr wenig Kalorien. Gegenüber weißem Spargel punktet grüner Spargel zudem mit einem höheren Vitamin-C-Gehalt.

BOHNEN-KARTOFFEL-SALAT

MIT SCHAFSKÄSESAUCE

4 Portionen

Pro Portion:
E: 19 g, F: 9 g, Kh: 48 g,
kJ: 1493, kcal: 358, BE: 3,5

250 g dünne grüne Bohnen
Salz

Für die Schafskäsesauce:
180 g Schafskäse (9 % Fett)
200–225 ml Milch (3,5 % Fett)
1–1 ½ TL mittelscharfer Senf
2–3 EL Zitronensaft
gem. Pfeffer

750 g gegarte, mittelgroße Pellkartoffeln, z. B. vom Vortag
1 kleine Zucchini (etwa 200 g)
1 großes Bund Frühlingszwiebeln (etwa 300 g)
4 EL Sonnenblumenkerne
je 1 Bund Petersilie und Schnittlauch

Zubereitungszeit:
40 Minuten, ohne Durchziehzeit

1 Von den Bohnen die Enden abschneiden, evtl. abfädeln. Die Bohnen abspülen, abtropfen lassen und in kleine Stücke schneiden. Wasser in einem Topf zum Kochen bringen, Salz hinzugeben und die Bohnenstücke darin 8–10 Minuten garen. Die Bohnen in ein Sieb geben, kurz mit kaltem Wasser abschrecken, abtropfen und erkalten lassen.

2 Für die Sauce in der Zwischenzeit den Schafskäse mit 200 ml Milch in einen hohen Rührbecher geben und mit einem Pürierstab cremig pürieren. Senf, Zitronensaft und evtl. die restliche Milch unterrühren. Das Schafskäse-Dressing mit Pfeffer und evtl. etwas Salz abschmecken.

3 Die Pellkartoffeln pellen, in Scheiben schneiden und unter die Sauce rühren. Den Salat etwa 5 Minuten durchziehen lassen, dabei gelegentlich umrühren.

4 In der Zwischenzeit Zucchini abspülen, abtrocknen und die Enden abschneiden. Zucchini in kleine Würfel schneiden. Frühlingszwiebeln putzen, abspülen, abtropfen lassen und in feine Scheiben schneiden.

5 Abgekühlte Bohnen, Zucchiniwürfel und Frühlingszwiebelscheiben unter den Salat rühren. Den Salat zugedeckt etwa 30 Minuten im Kühlschrank durchziehen lassen.

6 Die Sonnenblumenkerne in einer Pfanne ohne Fett unter Wenden anrösten und dann auf einen Teller geben. Petersilie und Schnittlauch abspülen und trocken tupfen. Petersilienblättchen von den Stängeln zupfen und fein schneiden. Den Schnittlauch in kleine Röllchen schneiden.

7 Die Kräuter unter den Salat rühren. Den Salat erneut mit den Gewürzen abschmecken und mit den Sonnenblumenkernen bestreut servieren.

FITMACHER-TIPP:

Auf die Sonnenblumenkerne sollten Sie auf keinen Fall verzichten. Diese absoluten Fitmacher versorgen Sie unter anderem mit Folsäure, Eiweiß und Magnesium.

FLEISCH & FISCH

Frische Blattsalate, farbenfrohes Gemüse und aromatische Kräuter treffen auf mageres Fleisch, Geflügel und gesunden Fisch. Freuen Sie sich auf leichte, ausgewogene Salatrezepte zum Genießen.

SOMMERSALAT
MIT HÄHNCHENBRUSTSTREIFEN

FRISCH & LEICHT

4 Portionen

Pro Portion:
E: 39 g, F: 14 g, Kh: 8 g,
kJ: 1346, kcal: 322, BE: 0,0

1 kleiner Kopf Lollo Rosso
1 kleiner Kopf Lollo Bionda oder Friséesalat
1 Handvoll Rucola (Rauke)
1 Bund Frühlingszwiebeln
je 1 kleine rote und gelbe Paprikaschote (je etwa 150 g)

4 Hähnchenbrustfilets (je etwa 150 g)
3 EL Speiseöl, z. B. Olivenöl
Salz
gem. Pfeffer

Für die Salatsauce:
3 EL Weißweinessig
3 EL Wasser
2 EL Speiseöl, z. B. Olivenöl

Zubereitungszeit:
etwa 40 Minuten

1. Die Salatköpfe putzen und äußere schlechte Blätter entfernen. Die Salatblätter jeweils vom Strunk lösen. Rucola verlesen, dicke Stängel abschneiden.

2. Salatblätter und Rucola putzen, abspülen, gut abtropfen lassen oder trocken schleudern. Die Salatblätter etwas kleiner zupfen.

3. Frühlingszwiebeln putzen, abspülen, abtropfen lassen und schräg in Scheiben schneiden.

4. Die Paprikaschoten halbieren, entstielen, entkernen und die weißen Scheidewände entfernen. Schoten abspülen, trocken tupfen und in Streifen schneiden.

5. Die Hähnchenbrustfilets unter fließendem kalten Wasser abspülen und trocken tupfen, die Sehnen entfernen. Die Filets quer zur Faser in dünne Scheiben schneiden.

6. Die Hälfte von dem Speiseöl in einer Pfanne erhitzen. Die Hälfte der Fleischscheiben darin unter gelegentlichem Rühren von allen Seiten etwa 5 Minuten braten, mit Salz und Pfeffer würzen, aus der Pfanne nehmen. Das restliche Speiseöl in die Pfanne geben und die restlichen Fleischscheiben ebenfalls darin anbraten. Angebratenes Fleisch wieder in die Pfanne geben. Frühlingszwiebelscheiben und Paprikastreifen hinzufügen und etwa 3 Minuten mitbraten, mit den Fleischscheiben aus der Pfanne nehmen. Das Ganze mit Salz und Pfeffer abschmecken, warm stellen.

7. Für die Salatsauce den Bratensatz mit Essig und Wasser ablöschen, mit Salz und Pfeffer würzen. Das Speiseöl unterschlagen.

8. Vorbereitete Salatzutaten mit der Hähnchen-Gemüse-Mischung in einer Schüssel vermischen, auf einer großen Platte oder in Portionsschüsseln anrichten. Den Salat mit der lauwarmen Sauce beträufeln und sofort servieren.

FITMACHER-TIPP:

Hähnchenbrustfilet ist relativ eiweißreich und gleichzeitig fettarm (ohne Haut). Es sollte wie jedes andere Geflügelfleisch nur gut durchgegart verzehrt werden.

TANDOORI-CHICKEN-SALAT

ASIA-STYLE

2 Portionen

Pro Portion:
E: 68 g, F: 9 g, Kh: 50 g,
kJ: 2395, kcal: 573, BE: 4,0

Für die Tandoori-Hähnchen:
2 EL Tandoori-Paste (aus dem Glas)
250 g Joghurt (3,5 % Fett)
2 Hähnchenbrustfilets (je 175 g)

125 g rote Linsen
400 g Babyspinat
Salz
5 grüne Kardamomkapseln
50 g getrocknete Aprikosen
3 EL Zitronensaft
etwas Cayennepfeffer

2 EL Speiseöl zum Braten
12 Minzeblättchen

Zubereitungszeit:
45 Minuten, ohne Marinierzeit

1 Für die Tandoori-Hähnchen die Tandoori-Paste mit 2 Esslöffeln von dem Joghurt gut verrühren. Hähnchenbrustfilets unter fließendem kalten Wasser abspülen und trocken tupfen. Die Hähnchenbrüste in dem Tandoori-Joghurt wenden, dann zugedeckt im Kühlschrank etwa 4 Stunden marinieren lassen.

2 Die Linsen in kochendem Salzwasser nach Packungsanleitung garen. Anschließend in ein Sieb geben und abtropfen lassen. Spinat verlesen, kurz abspülen und für 2 Sekunden in kochendem Salzwasser blanchieren. Sofort mit kaltem Wasser abschrecken und mit den Händen trocken ausdrücken.

3 Die Kardamomsamen aus den Kapseln lösen und im Mörser fein mahlen. Aprikosen fein würfeln. Kardamom und Aprikosen mit Zitronensaft, dem restlichen Joghurt, etwas Salz und Cayennepfeffer verrühren. Die Linsen und den Spinat untermischen und evtl. nachwürzen.

4 Das Fleisch aus der Marinade nehmen. Das Speiseöl in einer beschichteten Pfanne erhitzen. Die Hähnchenbrüste darin bei milder Hitze von jeder Seite 4–5 Minuten braten. Hähnchenbrustfilets aus der Pfanne nehmen.

5 Die Minzeblättchen abspülen und trocken tupfen, nach Belieben klein schneiden. Das Fleisch in dünne Scheiben schneiden, mit dem Salat anrichten und mit Minze bestreuen.

FITMACHER-TIPP:

Spinat liefert wichtige Mineralstoffe und Vitamine. Neben dem Spurenelement Zink, dass unseren Stoffwechsel reguliert, glänzt Spinat mit Calcium, Kalium, Magnesium und Folsäure.

PORREE-PFIFFERLINGS-SALAT

HERBSTGENUSS

4 Portionen

Pro Portion:
E: 24 g, F: 14 g, Kh: 11 g,
kJ: 1131, kcal: 271, BE: 1,0

1 kg Porree (Lauch)
Salzwasser

Für das Dressing:
1 Knoblauchzehe
150 g Crème légère
75 g Joghurt (1,5 % Fett)
1 TL körniger Senf
Salz
gem. Pfeffer
etwas Zucker
½ Topf glatte Petersilie

30 g abgetropfte getrocknete Tomaten, in Öl
500 g Pfifferlinge
2 EL Olivenöl
300 g geräucherter Putenbrust- oder Kasseler-Aufschnitt

Zubereitungszeit:
25 Minuten, ohne Abkühlzeit

1 Porree putzen, die Stangen längs halbieren, gründlich abspülen und abtropfen lassen. Porree in dünne Scheiben schneiden.

2 Salzwasser in einem Topf zum Kochen bringen. Die Porreescheiben darin etwa 3 Minuten garen, in ein Sieb geben, mit kaltem Wasser abspülen, gut abtropfen und erkalten lassen.

3 Inzwischen für das Dressing Knoblauch abziehen und fein hacken. Crème légère mit Joghurt, Senf und Knoblauch verrühren, mit Salz, Pfeffer und Zucker würzen. Petersilie abspülen, trocken tupfen und die Blättchen von den Stängeln zupfen. Die Blättchen fein schneiden und unter das Dressing rühren.

4 Die Tomaten in feine Streifen schneiden. Pfifferlinge putzen und kurz abspülen, gut abtropfen lassen, gründlich trocken tupfen und evtl. kleiner schneiden. Das Olivenöl in einer Pfanne erhitzen. Die Pfifferlinge darin unter Wenden etwa 4 Minuten braten, mit Salz und Pfeffer würzen.

5 Die vorbereiteten Salatzutaten und den Aufschnitt auf einer Platte anrichten und mit dem Dressing beträufeln.

FITMACHER-TIPP:

Eine vollwertige, sättigende Mahlzeit wird aus diesem Salat, wenn Sie 125 g gegarten Vollkornreis untermischen. Dann noch etwas Joghurt und Gemüsebrühe unter das Dressing rühren. Probieren Sie diesen Salat zusätzlich mit Möhrenscheiben. Dazu 2 mittelgroße Möhren putzen, schälen, abspülen, abtropfen lassen und in feine Scheiben schneiden. Die Möhrenscheiben zusammen mit den Porreescheiben kurz garen. Die Pfifferlinge können Sie durch Champignons ersetzen.

SCHWEDISCHER SOMMERSALAT

ORIGINELL

4 Portionen

Pro Portion:
E: 28 g, F: 8 g, Kh: 37 g, kJ: 1433, kcal: 343, BE: 3,0

Für den Salat:
150 g Langkornreis
Salz
3 Hähnchenbrustfilets
gem. schwarzer Pfeffer
3 EL Olivenöl
1 Grapefruit

Für die Marinade:
1 TL abgetropfte, grüne Pfefferkörner (in Lake)
2 EL Himbeeressig
etwas Chilipulver

250 g frische Erdbeeren

Zubereitungszeit:
30 Minuten, ohne Abkühlzeit

1 Den Reis in Salzwasser nach Packungsanleitung zubereiten (der Reis soll locker und körnig sein).

2 In der Zwischenzeit die Hähnchenbrustfilets unter fließendem kalten Wasser abspülen, trocken tupfen, mit Salz und Pfeffer bestreuen.

3 Einen Esslöffel Olivenöl in einer Pfanne erhitzen. Die Hähnchenfilets darin rundherum gut anbraten, dann bei mittlerer bis starker Hitze etwa 10 Minuten garen, dabei 1–2-mal wenden.

4 Hähnchenbrustfilets aus der Pfanne nehmen und abkühlen lassen. Den garen Reis in einem Sieb gut abtropfen lassen und abkühlen lassen.

5 Die Grapefruit so schälen, dass die weiße Haut mitentfernt wird. Die Grapefruitfilets mit einem scharfen Messer zwischen den Trennhäuten herausschneiden, dabei den Saft auffangen. Die Trennhäute ausdrücken und davon ebenfalls den Saft auffangen. Grapefruitspalten in Stücke schneiden.

6 Für die Marinade die Pfefferkörner mit einem großen Messer fein hacken. Die Pfefferkörner mit Himbeeressig, Salz, Chilipulver, 5 Esslöffeln Grapefruitsaft und restlichem Olivenöl (etwa 2 Esslöffel) gut verrühren.

7 Die abgekühlten Hähnchenbrustfilets erst längs halbieren, dann quer in kleine Stücke schneiden.

8 Den Reis mit den Hähnchen- und Grapefruitstücken und der Marinade vermischen. Den Salat mit 2–3 Esslöffeln Grapefruitsaft sowie Chilipulver und evtl. etwas Salz abschmecken.

9 Die Erdbeeren abspülen, abtropfen lassen und entstielen. Erdbeeren der Länge nach in Scheiben schneiden und kreisförmig auf eine große Platte legen. In die Mitte den Reissalat geben.

FITMACHER-TIPP:

Gesünder und vollwertiger wird das Gericht, wenn Sie Vollkornreis verwenden. Vollkornreis schmeckt kräftiger und leicht nussig. Beim Kauf von Langkornreis sollten Sie darauf achten parboiled Reis zu kaufen. Dieser wird so schonend verarbeitet, dass ein Großteil der Vitamine und Mineralstoffe erhalten bleibt.

BUNT GEMISCHTER PFLÜCKSALAT

TITELREZEPT

4 Portionen

Pro Portion:
E: 15 g, F: 19 g, Kh: 28 g,
kJ: 1444, kcal: 345, BE: 2,0

½ Butternut-Kürbis (400 g)
½ EL Olivenöl
½ TL Chiliflocken
2 EL frische Zitronenthymian-blättchen
Salz
gem. weißer Pfeffer
1 Mango
160 g gebratene Hähnchenbrust (ohne Haut)
1 reife Hass-Avocado (200 g)
4 Rote-Bete-Kugeln (vorgegart, vakuumverpackt)
8 Rispen rote Johannisbeeren
1 Möhre
200 g Baby-Leaf-Pflücksalat (Salatmischung aus dem Beutel)
4 EL Granatapfelkerne

Für das Dressing:
1 EL Apfelessig
½–1 EL Wildblütenhonig
3 EL Leinöl

Zubereitungszeit:
45 Minuten

1 Den halben Kürbis nochmals halbieren. Die Kerne mit einem Löffel herauslösen und den Stielansatz entfernen. Den Kürbis schälen und in Scheiben schneiden.

2 Das Olivenöl in einer Pfanne erhitzen. Kürbisscheiben darin bei mittlerer Hitze unter mehrmaligem Wenden etwa 12 Minuten braten. Zum Ende der Garzeit Chiliflocken und abgespülte, trocken getupfte Thymianblättchen hinzugeben und mitbraten. Kürbisscheiben mit Salz und Pfeffer würzen.

3 Die Mango schälen und das Fruchtfleisch vom Stein schneiden. Fruchtfleisch und Hähnchenbrust in Würfel schneiden. Die Avocado halbieren und den Stein entfernen. Das Fruchtfleisch mit einem Esslöffel aus der Schale lösen und in etwa 1 cm dicke Scheiben schneiden.

4 Rote Bete in Spalten schneiden. Die Johannisbeeren abspülen, trocken tupfen und die Beeren von den Rispen streifen. Möhre putzen, schälen, abspülen, abtropfen lassen und in sehr dünne Scheiben hobeln.

5 Baby-Leaf-Pflücksalat abspülen, gut abtropfen lassen oder trocken schleudern, dann in eine große Schüssel geben. Die vorbereiteten Salatzutaten und die Granatapfelkerne dazugeben, mit Salz und Pfeffer bestreuen.

6 Für das Dressing Apfelessig mit Honig verschlagen. Das Leinöl langsam unterschlagen, mit Salz und Pfeffer würzen. Das Dressing auf die Salatzutaten geben. Den Salat gut durchmischen und servieren.

FITMACHER-TIPP:

Die Avocado ist ein echtes Kraftpaket. Für eine Frucht ist sie aufgrund ihres hohen und dabei hochwertigen Fettanteils sehr sättigend. Von ihrem hohen Fettanteil (etwa 23 g pro 100 g) sollten Sie sich nicht abschrecken lassen. Das Avocado-Fett ist sehr gesund. Das sahnig-milde Fruchtfleisch punktet mit vielen Vitaminen, Mineralstoffen und ungesättigten Fettsäuren.

ROTKRAUT-SALAT
MIT PUTENSCHNITZELCHEN

EDLER WINTERSALAT

4 Portionen

Pro Portion:
E: 27 g, F: 9 g, Kh: 22 g,
kJ: 1194, kcal: 287, BE: 2,0

½ Rotkohl (400 g)
200 g Pastinaken
Salz

Für das Dressing:
2 EL Ahornsirup
4 EL Himbeeressig
2 EL Sahnemeerrettich
50 g Crème fraîche
50 ml Milch (1,5 % Fett)
gem. Pfeffer

100 g Radicchio
½ rotschaliger Apfel, z. B. Jonagold
8 Minzeblättchen
8 kleine Putenschnitzel (je 50 g)
1–2 EL Speiseöl zum Braten
75 g Granatapfelkerne

Zubereitungszeit:
50 Minuten, ohne Durchziehzeit

1 Vom Rotkohl die äußeren Blätter entfernen. Rotkohlhälfte halbieren und den Strunk herausschneiden. Rotkohl abspülen und trocken tupfen. Den Kohl in sehr feine Streifen schneiden oder hobeln.

2 Pastinaken putzen, schälen, abspülen und abtropfen lassen. Pastinaken auf der groben Seite der Haushaltsreibe raspeln. Kohl und Pastinaken in eine Schüssel geben, mit etwa 1 Teelöffel Salz mit den Händen verkneten. Anschließend zugedeckt etwa 30 Minuten durchziehen lassen.

3 Für das Dressing Ahornsirup mit Himbeeressig, Meerrettich, Crème fraîche, Milch, Salz und Pfeffer gut verrühren. Das Dressing mit dem Rotkraut-Salat gut vermischen.

4 Radicchio putzen, waschen und gut abtropfen lassen oder trocken schleudern. Radicchio in feine Streifen schneiden. Den Apfel heiß abwaschen, abtrocknen und entkernen. Den Apfel mit Schale in feine Streifen schneiden.

5 Radicchio- und Apfelstreifen kurz vor dem Servieren unter den Rotkraut-Salat mischen. Die Minzeblättchen abspülen und trocken tupfen. Minzeblättchen klein schneiden.

6 Die Putenschnitzel unter fließendem kalten Wasser abspülen und trocken tupfen. Putenschnitzel mit Salz und Pfeffer würzen. Das Speiseöl in einer Pfanne erhitzen. Die Schnitzelchen darin bei starker Hitze von jeder Seite 2–3 Minuten braten.

7 Die Putenschnitzelchen auf dem Salat anrichten, mit Minze und Granatapfelkernen bestreuen. Den Salat sofort servieren.

FITMACHER-TIPP:

Granatäpfel bleiben bei Zimmertemperatur gelagert 2–3 Wochen frisch. Im Gemüsefach des Kühlschranks können Sie die Paradiesäpfel sogar mehrere Monate aufbewahren. Auch wenn die Früchte dabei etwas einschrumpeln, bleibt das Innere saftig und frisch. Zum Verarbeiten schneiden Sie um den Blütenansatz des Granatapfels herum ein kleines Quadrat ein. Ritzen Sie den Apfel von den Ecken aus 4-mal ein. Nun lässt er sich leicht öffnen. Die Kerne lösen Sie mit einer Gabel heraus (Achtung: Es spritzt!). Sie sind sehr saftig und schmecken angenehm säuerlich-süß.

FENCHEL-COLESLAW

SERVIERT MIT TATAR-FRIKADELLEN

2 Portionen

Pro Portion:
E: 29 g, F: 13 g, Kh: 31 g,
kJ: 1577, kcal: 375, BE: 2,5

Für den Coleslaw:
1–2 Fenchelknollen (etwa 350 g)
1 Stück junger Weißkohl (etwa 400 g)
Salz
gem. Pfeffer
4 EL Apfelessig

Für die Tatar-Frikadellen:
150 g Rindertatar
3 EL zarte Haferflocken
1 TL milder Senf
60 g Magerquark
2 EL gehackte Petersilie (frisch oder TK)

1 rosa Grapefruit
2 TL Speiseöl
2 EL Crème légère
evtl. 1 Prise Chilipulver

Zubereitungszeit:
30 Minuten, ohne Durchziehzeit

1 Für den Coleslaw Fenchel abspülen, abtropfen lassen und halbieren. Weißkohl putzen und den Strunk herausschneiden. Fenchel und Weißkohl auf einer Küchenreibe fein hobeln und in eine große Schüssel geben. 1 gestrichenen Teelöffel Salz sowie Pfeffer und Essig hinzugeben und gut durchkneten. Den Salat zugedeckt durchziehen lassen.

2 In der Zwischenzeit für die Frikadellen Rindertatar in eine Schüssel geben. Haferflocken, Senf, Quark, Salz, Pfeffer und Petersilie hinzugeben. Die Zutaten zu einem glatten Fleischteig verkneten. Aus dem Fleischteig mit leicht angefeuchteten Händen 4 gleich große Frikadellen formen.

3 Die Grapefruit so schälen, dass die weiße Haut vollständig entfernt wird. Die Filets zwischen den Trennhäuten herausschneiden. Trennhäute ausdrücken und den Saft auffangen. Grapefruitfilets und -saft unter den Salat mischen, nochmals mit den Gewürzen abschmecken.

4 Das Speiseöl in einer beschichteten Pfanne erhitzen. Die Frikadellen darin von beiden Seiten 3–4 Minuten braun braten.

5 Crème légère unter den Fenchel-Coleslaw mischen. Den Salat mit Salz und nach Belieben mit Chili abschmecken und zu den Frikadellen servieren.

Tipp: Dieses Gericht ist perfekt zum Vorbereiten und Mitnehmen geeignet. Die Frikadellen können kalt gegessen werden und auch der Salat übersteht eine längere, ungekühlte Transportzeit unbeschadet.

FITMACHER-TIPP:

Grapefruits enthalten wenig Kalorien, kaum Fett, dafür viel Vitamin C und außerdem den Ballaststoff Pektin.

SPITZKOHLSALAT MIT SOUFLAKI

EINFACH

4 Portionen

Pro Portion:
E: 32 g, F: 16 g, Kh: 43 g,
kJ: 1312, kcal: 314, BE: 2,5

600 g Spitzkohl
2 rote Paprikaschoten
2 Zwiebeln
1 Bund glatte Petersilie

Für die Kümmel-Vinaigrette:
3 EL Weißweinessig
½–1 TL gem. Kümmel
Salz
gem. Pfeffer
4 EL Olivenöl

500 g Schweinefilet
2 TL Gyros-Gewürzmischung
2–3 EL Olivenöl

Außerdem:
2 Holz- oder Schaschlikspieße

Zubereitungszeit:
30 Minuten

1 Von dem Spitzkohl die äußeren Blätter entfernen. Den Kohl vierteln und den Strunk herausschneiden. Kohl abspülen, abtropfen lassen und in dünne Streifen schneiden.

2 Die Paprikaschoten halbieren, entstielen, entkernen und die weißen Scheidewände entfernen. Die Schoten abspülen, abtropfen lassen und in Streifen schneiden. Zwiebeln abziehen und zunächst in Scheiben schneiden, dann in Ringe teilen.

3 Petersilie abspülen, trocken tupfen und die Blättchen von den Stängeln zupfen. Spitzkohl- und Paprikastreifen mit Zwiebelringen und Petersilienblättchen vermengen.

4 Für die Vinaigrette Essig mit Kümmel verrühren, mit Salz und Pfeffer abschmecken. Das Öl unterschlagen. Die Vinaigrette mit den Salatzutaten vermischen.

5 Schweinefilet trocken tupfen, evtl. entfetten, entsehnen und in etwa 1 ½ cm breite Scheiben schneiden. Diese flach auf 2 Spieße stecken und mit der Gewürzmischung bestreuen. Das Olivenöl in einer beschichteten Pfanne erhitzen. Die Spieße darin unter Wenden etwa 5 Minuten braten. Souflaki mit dem Salat anrichten.

Tipp: Vegan wird's, wenn Sie statt Souflaki **Falafelbällchen** (Foto S. 11, Mitte rechts) servieren:120 g Kichererbsenmehl (geröstet) mit 40 g Speisestärke und 1 gestr. TL Dr. Oetker Backin mischen. 120 ml Wasser unterrühren, dann zugedeckt 30 Minuten ruhen lassen. 40 g Zwiebelwürfel und 1 fein gehackte Knoblauchzehe in 1 EL Speiseöl andünsten, auf einen Teller geben. Die Blättchen von je 8 Stängeln glatter Petersilie und Minze fein schneiden. Zwiebeln, Knoblauch, Kräuter, abger. Schale von 1 Bio-Zitrone (unbehandelt, ungewachst), 2 geh. TL Kreuzkümmel (Cumin), 1 geh. TL Paprikapulver rosenscharf und 1 geh. TL Salz unter den Teig arbeiten. Aus dem Teig 20 Kugeln formen, in 50 g geschälten Sesamsamen drücken. 1 l Speiseöl zum Ausbacken in einem Topf auf etwa 175 °C erhitzen. Die Bällchen portionsweise in 3–4 Minuten goldbraun ausbacken, mit einem Schaumlöffel herausnehmen, auf Küchenpapier abtropfen lassen.

FITMACHER-TIPP:

Schweinefleisch ist ein guter Vitamin-B1-Lieferant, wichtig für den Energiestoffwechsel. Da der Körper das Vitamin nicht lange speichern kann, ist eine regelmäßige Zufuhr wichtig.

WURSTSALAT

PERFEKT KOMBINIERT

4 Portionen

Pro Portion:
E: 8 g, F: 16 g, Kh: 11 g,
kJ: 937, kcal: 223, BE: 0,5

500 g Fenchelknollen
60 g rote Zwiebeln
400 g Cocktailtomaten
30 g abgetropfte Kapern
6 EL weißer Balsamico-Essig
Salz
100 g Rucola (Rauke)
100 g Mortadella, in hauchdünnen Scheiben
25 g Parmesan am Stück
3 EL Olivenöl
gem. schwarzer Pfeffer

Zubereitungszeit:
35 Minuten, ohne Durchziehzeit

1 Fenchelknollen putzen, abspülen und abtropfen lassen. Das Fenchelgrün beiseitelegen. Zwiebeln abziehen. Fenchel und Zwiebeln in sehr feine Scheiben hobeln.

2 Tomaten abspülen, abtrocken, vierteln und evtl. die Stängelansätze herausschneiden. Fenchel-, Zwiebelscheiben, Tomatenviertel und Kapern in eine Schüssel geben. Essig hinzugeben. Die Zutaten gut vermischen, mit Salz leicht würzen. Den Salat etwa 20 Minuten durchziehen lassen.

3 Rucola verlesen und dicke Stängel abschneiden. Rucola abspülen, gut abtropfen lassen oder trocken schleudern und evtl. etwas kleiner zupfen.

4 Fenchelgrün fein schneiden. Mortadella in feine Streifen schneiden. Parmesan fein reiben.

5 Rucola, Fenchelgrün und Olivenöl vorsichtig unter den Salat mischen und evtl. nachwürzen.

6 Den Salat anrichten. Die Mortadellastreifen darauf verteilen. Den Wurstsalat mit Parmesan und grob gemahlenem Pfeffer bestreuen und servieren.

FITMACHER-TIPP:

Zwiebeln liefern B-Vitamine, Vitamin C und Kalium. Sie haben kaum Kalorien, sehr wenig Fett und enthalten kein Cholesterin. Die ätherischen Öle von Zwiebeln sollen krankheitserregende Bakterien und Pilze hemmen.

SUSHIREIS-SALAT

MIT RADIESCHEN UND TUNFISCH

4 Portionen

Pro Portion:
E: 24 g, F: 20 g, Kh: 50 g,
kJ: 2009, kcal: 478, BE: 4,0

200 g Sushi-Reis
Salz
350 g Radieschen
(ohne Grün, vorbereitet gewogen)
25 g frischer Ingwer
8 Stängel Koriander
4 EL Reisessig
2 EL Sesamöl
50 g Frühlingszwiebeln
⅓ Stück von 1 Nori-Algenblatt
40 g Wasabi-Erbsen (grüne Erbsen mit Wasabi überzogen, erhältlich im Asia-Shop oder in gut sortierten Supermärkten)
300 g sehr frischer roher Tunfisch
4 EL Sojasauce
1 EL gerösteter, geschälter Sesamsamen

Zubereitungszeit:
50 Minuten, ohne Abkühl- und Durchziehzeit
Gar- und Quellzeit (Reis):
30 Minuten

1 Den Reis in ein Sieb geben und so lange mit kaltem Wasser abspülen, bis das Wasser klar abläuft. Anschließend den Reis sehr gut abtropfen lassen. Dann mit etwas Salz und 400 ml kaltem Wasser in einen Topf geben.

2 Den Reis im geschlossenen Topf bei milder Hitze 20 Minuten leise köcheln lassen. Den Reis vom Herd nehmen und noch 10 Minuten im geschlossenem Topf ausquellen lassen. Reis erkalten lassen.

3 Radieschen putzen, abspülen und trocken tupfen. Radieschen in sehr dünne Scheiben hobeln. Ingwer schälen und fein reiben. Koriander abspülen, trocken tupfen und die Blättchen von den Stängeln zupfen. Blättchen klein schneiden. Reis, Radieschen, Ingwer und Koriander mit Reisessig, Sesamöl und etwas Salz mischen und 10 Minuten durchziehen lassen.

4 Frühlingszwiebeln putzen, trocken tupfen und in sehr feine Scheiben schneiden. Nori-Alge mit einer Küchenschere in feine Streifen schneiden. Die Wasabi-Erbsen grob hacken. Tunfisch in sehr dünne Scheiben schneiden.

5 Den Reissalat auf Tellern anrichten und mit den Tunfischscheiben belegen. Die Fischscheiben mit der Sojasauce beträufeln. Den Sushireis-Salat mit Frühlingszwiebelscheiben, Sesamsamen, Nori-Algen und Wasabi-Erbsen bestreuen.

FITMACHER-TIPP:

Ingwer ist eine wahre Wunderknolle. Sie hilft bei Übelkeit, wirkt gegen Erkältungsbeschwerden und soll Schmerzen lindern können.

GEMISCHTER SALAT MIT FISCHFILET

… UND FRISCHKÄSE-DRESSING

4 Portionen

Pro Portion:
E: 33 g, F: 11 g, Kh: 8 g,
kJ: 1124, kcal: 268, BE: 0,5

Für das Frischkäse-Dressing:
1 Knoblauchzehe
100 g Frischkäse (16 % Fett)
125 ml Milch (1,5 % Fett)
1 TL Tomatenketchup
1–1 ½ TL mittelscharfer Senf
2–3 EL Zitronensaft
Salz
gem. Pfeffer

600–800 g Tilapia- oder Pangasius-Filet
3 EL Zitronensaft

2 Frühlingszwiebeln
100 g Champignons
300 g Tomaten
1 Bataviasalat
½ Bund Basilikum

2 EL Olivenöl

Zubereitungszeit:
40 Minuten

1 Für das Frischkäse-Dressing Knoblauch abziehen und durch eine Knoblauchpresse drücken oder sehr fein hacken. Frischkäse mit Milch, Ketchup, Senf, Zitronensaft und Knoblauch in einen hohen Rührbecher geben. Die Zutaten mit einem Mixer (Rührstäbe) verrühren. Das Dressing mit Salz und Pfeffer abschmecken.

2 Fischfilets unter fließendem kalten Wasser abspülen, trocken tupfen und mit Zitronensaft beträufeln.

3 Frühlingszwiebeln putzen, abspülen, gut abtropfen lassen und in feine Scheiben schneiden. Champignons putzen, evtl. kurz abspülen und trocken tupfen. Champignons vierteln oder in Scheiben schneiden. Tomaten abspülen, abtrocknen und halbieren. Stängelansätze herausschneiden und Tomaten entkernen. Die Tomaten in mundgerechte Stücke schneiden.

4 Salat putzen, abspülen und gut abtropfen lassen oder trocken schleudern. Salat in mundgerechte Stücke zupfen. Basilikum abspülen, trocken tupfen und die Blättchen von den Stängeln zupfen. Blättchen fein schneiden. Die Salatzutaten auf einer großen Platte oder 4 Tellern anrichten und mit dem Dressing beträufeln.

5 Fischfilets trocken tupfen und mit Salz und Pfeffer bestreuen. Das Olivenöl in einer Pfanne erhitzen. Die Filets darin je nach Dicke von jeder Seite 3–5 Minuten braten. Filets in mundgerechte Stücke schneiden und auf dem Salat anrichten.

FITMACHER-TIPP:

Neben Eiweiß und vielen Vitaminen versorgt Milch uns hervorragend mit Calcium.

ENDIVIEN-MELONEN-SALAT MIT ZANDER

ERFRISCHEND FRUCHTIG

4 Portionen

Pro Portion:
E: 32 g, F: 11 g, Kh: 9 g,
kJ: 1107, kcal: 263, BE: 0,5

Zum Vorbereiten:
½ Zuckermelone, z. B. Galiamelone (etwa 500 g Fruchtfleisch)

Für das Dressing:
2 EL Apfelessig
1 TL Zitronensaft
Salz
gem. Pfeffer
etwas Zucker
2 EL Olivenöl
1 EL Haselnussöl

1 Endivien- oder Kopfsalat
1 Bio-Salatgurke
½ kleine Chilischote

600 g Zanderfilet, möglichst aus nachhaltiger Fischerei
2 EL Olivenöl

Zubereitungszeit:
30 Minuten

1 Zum Vorbereiten Melone entkernen und schälen.

2 Für das Dressing 150 g Fruchtfleisch abwiegen, grob würfeln und dann fein pürieren. Das Melonenpüree mit Essig und Zitronensaft verrühren und mit Salz, Pfeffer und Zucker würzen. Beide Ölsorten unterschlagen.

3 Das restliche Melonenfleisch in Würfel schneiden. Salat putzen, waschen und gut abtropfen lassen oder trocken schleudern. Die Salatblätter in mundgerechte Stücke schneiden.

4 Gurke heiß abwaschen, abtrocknen und die Enden abschneiden. Gurke längs halbieren und entkernen. Gurke in Scheiben oder Stücke schneiden.

5 Die Chilischote längs halbieren, entstielen, entkernen, abspülen und abtropfen lassen. Chilischote in kleine Ringe oder Stücke schneiden.

6 Melonen- und Gurkenstücke, Salat und Chili vorsichtig vermischen und auf einer Platte anrichten.

7 Fischfilet unter fließendem kalten Wasser abspülen, trocken tupfen und mit Salz und Pfeffer bestreuen. Fischfilet in 4 Portionen teilen.

8 Das Olivenöl in einer beschichteten Pfanne erhitzen. Die Filets darin von jeder Seite etwa 4 Minuten braten. Endivien-Melonen-Salat mit dem Dressing beträufeln. Die Fischfilets in Stücke schneiden und auf dem Salat anrichten.

FITMACHER-TIPP:

Zu den Zuckermelonen gehören zum Beispiel auch Cantaloupe-, Honig- und Netzmelonen. Verwenden Sie für dieses Dressing aromatische, reife Früchte. Prüfen Sie beim Kauf Reife und Aroma. Duftet die Melone durch die Schale zart süßlich und gibt der Stielansatz auf Druck leicht nach, ist die Melone reif für den Verzehr.

Garnelen-Sesam-Salatröllchen

Salad to go

6 Stück

Pro Stück:
E: 8 g, F: 10 g, Kh: 5 g,
kJ: 588, kcal: 141, BE: 0,5

200 g TK-Garnelen (ohne Kopf und Schale, je etwa 20 g)
Salz
1 EL Speiseöl
1 EL Sesamsamen, geschält
30 g Rucola (Rauke)
1 reife Avocado (etwa 225 g)
1 ½ EL Zitronensaft
2 Stängel Koriander
4 runde Reispapierblätter (Ø 20–22 cm)

Zubereitungszeit:
40 Minuten, ohne Auftauzeit

1 Die Garnelen zugedeckt im Kühlschrank auftauen lassen.

2 Von den Garnelen den Darm entfernen, anschließend unter fließendem kalten Wasser abspülen und mit Küchenpapier trocken tupfen. Die Garnelen mit Salz würzen.

3 Das Speiseöl in einer Pfanne erhitzen. Die Garnelen darin portionsweise bei mittlerer Hitze von jeder Seite etwa 2 Minuten braten. Anschließend aus der Pfanne nehmen und erkalten lassen.

4 Den Sesam in einer Pfanne ohne Fett unter Wenden goldbraun rösten und auf einen Teller geben. Rucola verlesen und dicke Stängel abschneiden. Rucola abspülen, gut abtropfen lassen und evtl. etwas kleiner zupfen.

5 Avocado halbieren und den Stein entfernen. Das Avocadofleisch mit einem Esslöffel herauslösen. Avocadofleisch mit Zitronensaft und Salz mischen und mit einer Gabel grob zerdrücken.

6 Die Garnelen in etwa 2 cm große Stücke schneiden. Koriander abspülen, trocken tupfen und die Blättchen von den Stängeln zupfen. Etwa 6 Blättchen zum Garnieren beiseitelegen. Die restlichen Blättchen grob zerschneiden. Die Garnelenstücke und klein geschnittenen Korianderblättchen unter die Avocadocreme rühren.

7 Das Reispapier nacheinander jeweils etwa 1 Minute in lauwarmem Wasser einweichen, dann abtropfen lassen. Jeweils 2 Reispapierblätter übereinanderlegen und jeweils zuerst 1 Teelöffel Sesam und die Hälfte der Rucolablätter darauf verteilen.

8 Auf das untere Drittel des Reispapiers die Hälfte der Avocado-Garnelen-Creme geben und leicht gehäuft verteilen. Das Reispapier stramm aufrollen. Auf diese Weise insgesamt 2 Reispapierrollen herstellen.

9 Kurz vor dem Servieren die Enden der Rollen mit einem scharfen Messer abschneiden. Jede Reispapierrolle in 3 gleich große Stücke schneiden und mit dem restlichen Sesam und Koriander bestreuen.

Fitmacher-Tipp:

Sesamsamen versorgen uns mit einem Mix aus Calcium, Magnesium, Eisen, Zink, Vitamin E, Folsäure und Selen. Diese Kombination ist gut für Knochen und Herz.

RÄUCHERLACHS-REIS-SALAT

EINFACH

4 Portionen

Pro Portion:
E: 16 g, F: 8 g, Kh: 43 g,
kJ: 1311, kcal: 311, BE: 3,5

175 g Wildreis-Langkornreis-Mischung
Salzwasser

Für das Dressing:
200 g Joghurt (1,5 % Fett)
100 g saure Sahne
Salz
gem. Pfeffer
1 gestr. TL Currypulver

2 Frühlingszwiebeln
140 g abgetropfter Gemüsemais (aus der Dose)
½ Kopf- oder Endiviensalat
75 g Radieschensprossen
120 g geräucherter Lachs in Scheiben

Zubereitungszeit:
30 Minuten, ohne Kühlzeit

1 Die Wildreis-Langkornreis-Mischung in Salzwasser nach Packungsanleitung zubereiten und abkühlen lassen.

2 Für das Dressing in der Zwischenzeit Joghurt mit saurer Sahne glatt rühren, mit Salz, Pfeffer und Curry abschmecken.

3 Frühlingszwiebeln putzen, abspülen, gut abtropfen lassen und in feine Scheiben schneiden.

4 Das Dressing mit dem Reis vermengen. Mais und Frühlingszwiebelscheiben unterrühren und die Reismischung zugedeckt in den Kühlschrank stellen.

5 In der Zwischenzeit den Salat putzen, abspülen und gut abtropfen lassen oder trocken schleudern. Salat in mundgerechte Stücke zupfen. Die Sprossen abspülen und gut abtropfen lassen.

6 Die Reismischung nochmals mit Salz, Pfeffer und Curry abschmecken. 4 Portionsschälchen mit den Salatblättern auslegen. Die Reismischung darauf verteilen und die Lachsscheiben dekorativ daraufgeben. Zum Schluss die Sprossen in kleinen Häufchen daraufsetzen und den Salat servieren.

Tipp: Statt einer Wildreis-Langkornreis-Mischung können Sie auch Naturreis oder Vollkornreis verwenden.

FITMACHER-TIPP:

Lachs ist reich an lebenswichtigen Omega-3-Fettsäuren. Aufgrund der weltweiten Überfischung der Meere, sollten Sie beim Einkauf allgemein darauf achten, Fisch aus nachhaltiger Fischerei zu kaufen.

GETREIDE & HÜLSENFRÜCHTE

Kernige Salate mit Couscous, Bulgur, Reis, Kichererbsen, Quinoa, Bohnen, Hirse, Graupen oder Linsen liefern Magnesium für unsere Muskeln, Calcium für unsere Knochen und halten durch reichlich Ballaststoffe lange satt.

KRÄUTER-COUSCOUS-SALAT

MIT PUTENSPIEßEN

4 Portionen

Pro Portion:
E: 33 g, F: 11 g, Kh: 44 g,
kJ: 1742, kcal: 416, BE: 2,5

400 g Putenbrustfilet
2 EL Harissa
(afrikanische Gewürzpaste)
½ gestr. TL gem. Zimt

125 g Couscous (Instant)
1 Döschen Safran (0,2 g)
Salz
400 g Tomaten
125 g Frühlingszwiebeln
60 g getrocknete Aprikosen
1 Bund glatte Petersilie
20 frische Minzeblättchen
125 g abgetropfte Kichererbsen
(aus der Dose)
1 EL gem. Kreuzkümmel (Cumin)
4 EL Zitronensaft
2 EL Olivenöl

2 EL Öl zum Braten
60 g Joghurt (0,1 % Fett)

8 lange Holzspieße

Zubereitungszeit:
45 Minuten, ohne Marinier-, Abkühlzeit und Durchziehzeit

1 Das Putenbrustfilet unter fließendem kalten Wasser abspülen und trocken tupfen. Anschließend in etwa 3 cm große Stücke schneiden. Die Fleischstücke mit Harissa und Zimt gut vermischen. Das Putenbrustfilet zugedeckt im Kühlschrank etwa 1 Stunde marinieren lassen.

2 In der Zwischenzeit Couscous mit Safran und Salz mischen. Anschließend mit Salzwasser nach Packungsanleitung zubereiten, in eine große Schüssel geben und erkalten lassen. Couscous mit einer Gabel auflockern.

3 Tomaten abspülen, abtrocknen, halbieren und die Stängelansätze herausschneiden. Tomaten in kleine Würfel schneiden. Frühlingszwiebeln putzen, abspülen, abtropfen lassen und in feine Scheiben schneiden. Aprikosen sehr fein würfeln.

4 Petersilie und Minze abspülen und trocken tupfen. Petersilienblättchen von den Stängeln zupfen. Petersilien- und Minzeblättchen klein schneiden.

5 Tomatenwürfel, Frühlingszwiebeln, Aprikosen, Kräuter und Kichererbsen zu dem Couscous in die Schüssel geben. Die Zutaten gut vermischen. Den Salat mit Kreuzkümmel, Zitronensaft, Olivenöl und Salz würzen, nochmals gut mischen. Den Salat etwa 15 Minuten durchziehen lassen.

6 Das Putenfleisch auf die Holzspieße stecken. Die Spieße mit Salz würzen. Das Öl in einer großen Pfanne erhitzen. Die Putenspieße bei mittlerer Hitze rundherum in etwa 6 Minuten goldbraun braten. Die Putenspieße aus der Pfanne nehmen, mit dem Salat und dem Joghurt anrichten.

FITMACHER-TIPP:

Couscous gehört zu den Getreideerzeugnissen, die mit einem hohen Anteil Eiweiß und Stärke unsere Ernährung bereichern. Gleichzeitig ist er ein wichtiger Nährstofflieferant. Instant-Couscous hat den Vorteil, dass er nur noch in heißem Salzwasser oder in Gemüsebrühe ausquellen muss. Couscous gibt es aus Hartweizengrieß, er wird aber auch aus Hirse- und Gerstengrieß hergestellt.

BULGURSALAT

VEGAN

4 Portionen

Pro Portion:
E: 8 g, F: 19 g, Kh: 47 g,
kJ: 1634, kcal: 390, BE: 3,0

200 g grober Bulgur (Weizengrütze)
400 ml Gemüsebrühe
1 Bio-Salatgurke
2 Fleischtomaten
1 gelbe Paprikaschote
1 Bund Frühlingszwiebeln
1 Bund glatte Petersilie
4 Stängel Minze

Für die Salatsauce:
4 EL Zitronensaft
Salz
gem. Pfeffer
etwas Zucker
gem. Kreuzkümmel (Cumin)
6–8 EL Olivenöl

Zubereitungszeit:
30 Minuten, ohne Abkühl- und Durchziehzeit

1 Bulgur in einem heißen Topf ohne Fett unter Rühren etwa 1 Minute anrösten. Dann die Brühe hinzugießen, alles aufkochen und bei schwacher Hitze zugedeckt in etwa 15 Minuten ausquellen lassen. Den Bulgur abkühlen lassen, dabei ab und zu durchrühren.

2 In der Zwischenzeit die Gurke heiß abwaschen, abtrocknen, die Enden abschneiden und die Gurke in kleine Stücke schneiden. Die Tomaten abspülen, abtrocknen, halbieren und die Stängelansätze herausschneiden. Tomaten in kleine Würfel schneiden.

3 Die Paprikaschote halbieren, entstielen, entkernen und die weißen Scheidewände entfernen. Die Schotenhälften abspülen, abtropfen lassen und in feine Würfel schneiden. Frühlingszwiebeln putzen, abspülen, abtropfen lassen und in feine Scheiben schneiden.

4 Petersilie und Minze abspülen, trocken tupfen und die Blättchen von den Stängeln zupfen. Blättchen fein schneiden.

5 Für die Sauce Zitronensaft mit Salz, Pfeffer, Zucker und Kreuzkümmel verrühren. Das Olivenöl unterschlagen. Die vorbereiteten Zutaten mit der Sauce vermischen. Den Bulgursalat zugedeckt etwa 1 Stunde durchziehen lassen.

FITMACHER-TIPP:

Bulgur ist eingeweichter, vorgekochter körniger Weizen. Das nussig schmeckende Getreide wird ähnlich wie Reis verwendet, hat aber einen höheren Gehalt an Eiweiß und einigen B-Vitaminen.

FRUCHTIG-SCHARFER REISSALAT

MIT HÄHNCHENSCHENKELN

4 Portionen

Pro Portion:
E: 22 g, F: 12 g, Kh: 32 g,
kJ: 1393, kcal: 333, BE: 2,5

4 Hähnchenunterschenkel (je 125 g)
1 TL Currypulver
1 TL Paprikapulver edelsüß
Salz
gem. Pfeffer

100 g Naturreis

Für die Vinaigrette:
30 g frischer Ingwer
1–2 Bio-Limetten (unbehandelt, ungewachst)
1–2 EL Sambal Oelek
50 ml Gemüsebrühe

50 g Frühlingszwiebeln
250 g Tomaten
1 rote Paprikaschote
1 Salatgurke
100 g frisches Mangofruchtfleisch (vorbereitet gewogen)
75 g Romanasalatherzen
½ Bund Koriander

Zubereitungszeit:
45 Minuten, ohne Abkühl- und Durchziehzeit
Garzeit (Hähnchenschenkel):
etwa 40 Minuten

1 Den Backofen vorheizen.
Ober-/Unterhitze: etwa 200 °C, Heißluft: etwa 180 °C.

2 Hähnchenschenkel unter fließendem kaltem Wasser abspülen und trocken tupfen. Curry- mit Paprikapulver, Salz und Pfeffer mischen. Die Hähnchenschenkel damit einreiben, anschließend auf ein Backblech (mit Backpapier belegt) legen.

3 Das Backblech in den vorgeheizten Backofen (Mitte) schieben. Die Hähnchenschenkel etwa 40 Minuten garen.

4 In der Zwischenzeit den Reis in Salzwasser nach Packungsanleitung zubereiten. Anschließend den Reis in ein Sieb geben, abtropfen und erkalten lassen.

5 Für die Vinaigrette Ingwer schälen und fein würfeln. Die Limetten heiß abwaschen, abtrocknen und die Schale fein abreiben. Limetten halbieren und auspressen. 4 Esslöffel Limettensaft davon abmessen, mit Ingwer, Limettenschale, Sambal Oelek und Gemüsebrühe verrühren, mit etwas Salz würzen.

6 Frühlingszwiebeln, Tomaten, Paprika und Gurke abspülen und abtrocknen. Frühlingszwiebeln in feine Scheiben schneiden. Tomaten halbieren und die Stängelansätze herausschneiden. Paprikaschote halbieren, entstielen, entkernen und die weißen Scheidewände entfernen. Schote abspülen und abtropfen lassen. Gurke schälen und die Enden abschneiden. Gurke längs halbieren und entkernen. Tomaten, Paprika und Gurke in kleine Stücke schneiden. Das Mangofruchtfleisch schälen und ebenfalls klein schneiden.

7 Das vorbereitete Gemüse, die Mangostückchen und den Reis gut mischen. Dann die Vinaigrette untermischen. Den Salat etwa 10 Minuten ziehen lassen.

8 Salatherzen waschen, putzen und in feine Streifen schneiden. Koriander abspülen, trocken tupfen und die Blättchen von den Stängeln zupfen. Korianderblättchen grob schneiden. Salatstreifen und Koriander unter den Salat mischen. Den Reissalat mit den Hähnchenschenkeln anrichten und servieren.

FITMACHER-TIPP:

Frisches Korianderkraut verleiht vor allem asiatischen und lateinamerikanischen Gerichten den charakteristisch mild-pfeffrigen Geschmack.

SÜßKARTOFFEL-COUSCOUS-SALAT

VEGAN

4 Portionen

Pro Portion:
E: 6 g, F: 8 g, Kh: 54 g,
kJ: 1329, kcal: 316, BE: 4,5

Zum Vorbereiten:
750 g mittelgroße Süßkartoffeln (Bataten)

Für den Salat:
75 g Couscous
knapp 300 ml Gemüsebrühe
1 Schalotte
½ Bio-Salatgurke
40 g abgetropfte grüne Oliven (ohne Stein)
3 geh. TL abgetropfte Kapern (aus dem Glas)

Für die Limettensauce:
4–5 EL Limettensaft
2 EL Olivenöl
Salz
gem. Pfeffer
etwas Chilipulver (ersatzweise Chiliflocken)

5 Stängel Petersilie

Zubereitungszeit:
35 Minuten, ohne Gar-, Abkühl- und Durchziehzeit
Garzeit (Süßkartoffeln):
15–20 Minuten

1 Zum Vorbereiten die Süßkartoffeln unter fließendem Wasser abbürsten, knapp mit Wasser bedeckt, zugedeckt zum Kochen bringen und in 15–20 Minuten gar kochen. Süßkartoffeln abgießen, mit kaltem Wasser abschrecken, abtropfen lassen. Süßkartoffeln noch warm pellen und erkalten lassen.

2 Für den Salat Couscous mit der Gemüsebrühe nach Packungsanleitung zubereiten. Den garen Couscous in eine Salatschüssel geben und abkühlen lassen.

3 In der Zwischenzeit die Schalotte abziehen, halbieren und in feine Würfel schneiden. Die Salatgurke mit heißem Wasser abspülen, abtrocknen und das Ende abschneiden. Gurke längs halbieren, entkernen und in Streifen schneiden.

4 Süßkartoffeln in mundgerechte Stücke schneiden. Die Oliven halbieren, mit den Kapern mischen und beiseitestellen.

5 Für die Limettensauce 4 Esslöffel Limettensaft mit dem Olivenöl verschlagen, mit Salz, Pfeffer und Chilipulver (Chiliflocken) würzen.

6 Den beiseitegestellten Couscous mit 2 Gabeln etwas auflockern. Die Schalottenwürfel, Gurkenstreifen, Süßkartoffelstücke und die Oliven-Kapern-Mischung hinzufügen und unterheben. Die Limettensauce mit den Salatzutaten vermengen. Den Salat kalt gestellt etwa 30 Minuten durchziehen lassen.

7 Zum Servieren die Petersilie abspülen, gut trocken tupfen und die Blättchen von den Stängeln zupfen. Die Blättchen fein hacken. Die Petersilienblätter unter den Salat mischen. Den Süßkartoffel-Couscous-Salat mit Limettensaft, Salz, Pfeffer und Chili säuerlich-scharf abschmecken und servieren.

FITMACHER-TIPP:

Süßkartoffeln lassen sich genauso wie Kartoffeln kochen, backen oder braten, machen wunderbar satt und schmecken angenehm süßlich. Wenn Sie keine Süßkartoffeln mögen, können Sie auch „normale" festkochende Kartoffeln für den Salat verwenden.

ROTER-REIS-SALAT

VEGAN

2 Portionen

Pro Portion:
E: 13 g, F: 15 g, Kh: 37 g,
kJ: 1447, kcal: 345, BE: 3,0

60 g Carmague-Reis (roter Reis)
Salz
1 Aubergine (450 g)
1 TL Paprikapulver rosenscharf
6 große Mangoldblätter (450 g)
80 g abgetropfte Kichererbsen (aus der Dose)
30 g grüne Oliven ohne Stein
½ TL Fenchelsaat
20 g abgetropfte Kapern (aus dem Glas)
3 EL Zitronensaft
300 ml Gemüsebrühe
3 Stängel glatte Petersilie
2 EL Olivenöl
gem. Pfeffer

Zubereitungszeit:
60 Minuten, ohne Abkühlzeit
Garzeit (Auberginen):
20–25 Minuten

1 Den Reis in Salzwasser nach Packungsanleitung zubereiten. Dann in ein Sieb geben, gut abtropfen und erkalten lassen.

2 In der Zwischenzeit den Backofen vorheizen.
Ober-/Unterhitze: etwa 200 °C, Heißluft: etwa 180 °C.

3 Aubergine abspülen und abtrocken, dann schälen und in etwa 2 cm große Würfel schneiden. Auberginenwürfel auf ein Backblech (mit Backpapier belegt) geben, mit Salz und Paprikapulver mischen.

4 Das Backblech in den vorgeheizten Backofen (Mitte) schieben. Die Auberginen 20–25 Minuten garen (sie sollen schön weich sein).

5 Die Auberginen etwas abkühlen lassen, dann in einen hohen Rührbecher geben. Auberginen mit dem Pürierstab fein pürieren und erkalten lassen.

6 Mangold putzen und abspülen. Die Stiele keilförmig aus den Blättern schneiden. Anschließend die Blätter in Salzwasser etwa 1 Minute blanchieren, dann mit kaltem Wasser abschrecken und gut abtropfen lassen. Die Hälfte der Mangoldstiele (restliche Mangoldstiele anderweitig verwenden) in etwa ½ cm breite Streifen schneiden. Die Kichererbsen in einem Sieb mit kaltem Wasser abspülen, gut abtropfen lassen. Die Oliven klein schneiden.

7 Die Mangoldstiele mit Fenchelsaat und Salz in einer großen Pfanne ohne Fett bei starker Hitze kurz andünsten. Kapern, Oliven, Zitronensaft und Gemüsebrühe dazugeben. Die Zutaten etwa 3 Minuten kochen lassen. Die Pfanne von der Kochstelle nehmen.

8 Petersilie abspülen, trocken tupfen. Die Blättchen von den Stängeln zupfen, grob hacken. Petersilie, Reis, Kichererbsen und Olivenöl ebenfalls in die Pfanne geben, untermischen, salzen und pfeffern.

9 Die Mangoldblätter vorsichtig trocken tupfen. Auf jedes Mangoldblatt etwas von dem Auberginenpüree geben. Die Blätter dann zu Päckchen aufrollen. Erst den Reissalat auf Tellern verteilen, dann die Mangold-Päckchen darauf anrichten.

FITMACHER-TIPP:

Frischer Mangold sollte immer möglichst schnell verarbeitet werden. Im Gemüsefach des Kühlschranks sollte er nur 1–2 Tage gelagert werden. Mangold steckt voller Mineralstoffe, zum Beispiel Eisen, Kalium und Magnesium. Dazu glänzt er mit einem hohen Vitamin-A-Gehalt.

QUINOA-FRISÉE-SALAT

VEGAN

4 Portionen

Pro Portion:
E: 9 g, F: 14 g, Kh: 35 g,
kJ: 1285, kcal: 305, BE: 2,5

Für den Salat:
200 g Quinoa
400 ml Gemüsebrühe
5–6 EL Limettensaft
Salz
gem. Pfeffer
½–1 TL Harissa (afrikanische Gewürzpaste)
1 kleiner Friséesalat
1 Bio-Salatgurke
150 g abgetropfte Artischockenherzen in Öl (aus dem Glas)

2 EL Olivenöl
1 Prise Voll-Rohrzucker

Zubereitungszeit:
30 Minuten, ohne Garzeit

1 Für den Salat Quinoa mit der Gemüsebrühe nach Packungsanleitung in einem Topf zubereiten. Anschließend den garen Quinoa in eine Schüssel geben.

2 Etwa 3 Esslöffel von dem Limettensaft mit Salz, Pfeffer und ¼–½ Teelöffel Harissa glatt rühren und mit dem Quinoa vermischen. Quinoa zum Abkühlen beiseitestellen.

3 In der Zwischenzeit Friséesalat putzen, abspülen und abtropfen lassen oder in einer Salatschleuder trocken schleudern. Den Salat in mundgerechte Stücke zupfen.

4 Die Salatgurke heiß abwaschen, abtrocknen und die Enden abschneiden. Die Gurke nach Belieben schälen. Gurke längs halbieren, entkernen und in dünne Scheiben schneiden. Die gut abgetropften Artischockenherzen quer halbieren.

5 Olivenöl mit restlichem Limettensaft und Harissa in einer Schüssel glatt rühren. Die Sauce mit Salz, Pfeffer und Zucker abschmecken.

6 Den Blattsalat mit Quinoa, Gurkenscheiben und Artischockenherzen auf Tellern anrichten und mit der Harissasauce beträufeln.

FITMACHER-TIPP:

Quinoa zählt in Südamerika zu den Grundnahrungsmitteln. Das sogenannte Pseudogetreide zählt botanisch zu den Gänsefußgewächsen. Im Gegensatz zu „echtem" Getreide ist Quinoa glutenfrei. Die Anteile an essenziellen Aminosäuren und den Mineralstoffen Eisen, Calcium und Phosphor machen die goldenen Körnchen zu einem echten Fitmacher. Quinoa kann süß und salzig zubereitet werden.

WEIßER BOHNENSALAT
MIT PAPRIKA UND TOMATE

IDEAL ZUM VORBEREITEN

4 Portionen

Pro Portion:
E: 14 g, F: 7 g, Kh: 30 g,
kJ: 994, kcal: 237, BE: 2,0

500 g abgetropfte Cannellinibohnen (aus der Dose)
2 Fleischtomaten
je 1 rote und grüne Paprikaschote
1 Schalotte

Für die Salatsauce:
1 Knoblauchzehe
2 EL Zitronensaft
1 EL Apfelessig
1 TL mittelscharfer Senf
1 TL Honig
Salz
gem. schwarzer Pfeffer
2 EL Olivenöl
5 Stängel Petersilie

Zubereitungszeit:
20 Minuten, ohne Durchziehzeit

1 Die Bohnen in einem Sieb mit kaltem Wasser abspülen und gut abtropfen lassen. Bohnen beiseitestellen.

2 Die Tomaten kreuzweise einschneiden und mit kochendem Wasser übergießen. Nach 1–2 Minuten herausnehmen und mit kaltem Wasser abschrecken. Die Tomaten enthäuten, halbieren und die Stängelansätze herausschneiden. Tomaten entkernen und das Fruchtfleisch in kleine Würfel schneiden.

3 Paprikaschoten halbieren, entstielen, entkernen und die weißen Scheidewände entfernen. Schotenhälften abspülen, abtropfen lassen und in kleine Würfel schneiden. Die Schalotte abziehen, halbieren und fein würfeln.

4 Die beiseitegestellten Bohnen mit den Tomaten-, Paprika- und Schalottenwürfeln in einer großen Salatschüssel vermischen.

5 Für die Sauce Knoblauch abziehen und durch eine Knoblauchpresse drücken oder sehr fein hacken. Zitronensaft mit Essig, Senf, Honig, Salz, Pfeffer und Knoblauch verrühren. Das Olivenöl unterschlagen. Die Salatsauce mit der Bohnen-Paprika-Mischung vermengen. Den Salat etwa 30 Minuten durchziehen lassen.

6 Petersilie abspülen, trocken tupfen und die Blättchen von den Stängeln zupfen. Die Blättchen grob hacken. Den Salat mit Petersilie bestreut servieren.

FITMACHER-TIPP:

Cannellinibohnen weichen nicht so schnell durch. Wenn Sie keine Cannellinibohnen bekommen können, nehmen Sie stattdessen 500 g weiße Bohnen (aus der Dose). Sie können den Salat einige Stunden vor dem Verzehr zubereiten. Gut durchgezogen schmeckt er noch besser. Geben Sie zusätzlich 2–3 Stangen Staudensellerie (etwa 150 g) mit unter den Salat. Dafür den Staudensellerie putzen und die harten Außenfäden abziehen. Sellerie abspülen und abtropfen lassen. Sellerie in Streifen schneiden.

HIRSESALAT

VEGAN

4 Portionen

Pro Portion:
E: 9 g, F: 10 g, Kh: 43 g,
kJ: 1266, kcal: 302, BE: 3,5

Für den Salat:
1 Schalotte
1 EL Speiseöl, z. B. Sonnenblumenöl
200 g Hirse
etwa 500 ml Gemüsebrühe
200 g Zuckerschoten
Salzwasser
½ kleiner Chinakohl
1 Kohlrabi

Für die Salatsauce:
50 ml aufgebrühter, abgekühlter grüner Tee
2 EL Weizenkeimöl
1 ½–2 EL Obstessig
4–5 EL Zitronensaft
etwa ½ TL Currypulver
etwa 1 TL gem. Ingwer
Salz
gem. schwarzer Pfeffer

Zubereitungszeit:
30 Minuten, ohne Abkühl- und Durchziehzeit

1 Für den Salat die Schalotte abziehen, halbieren und fein hacken. Speiseöl in einem Topf erhitzen. Die Schalottenwürfel darin andünsten. Die Hirse mit etwa 450 ml Gemüsebrühe hinzugeben und nach Packungsanleitung garen. Die gegarte Hirse in eine Salatschüssel geben und zum Abkühlen beiseitestellen.

2 Von den Zuckerschoten die Enden abschneiden. Die Schoten evtl. abfädeln. Zuckerschoten abspülen und abtropfen lassen. Zuckerschoten in kochendem Salzwasser in etwa 2 Minuten bissfest garen, abgießen, mit kaltem Wasser abschrecken und abtropfen lassen. Zuckerschoten nach Belieben schräg in Stücke schneiden.

3 Chinakohlhälfte putzen, nochmals halbieren und den Strunk herausschneiden. Chinakohl abspülen, abtropfen lassen und in feine Streifen schneiden. Kohlrabi schälen, abspülen und abtropfen lassen. Den Kohlrabi auf der Haushaltsreibe grob raspeln.

4 Die beiseitegestellte Hirse mit 2 Gabeln etwas auflockern. Zuckerschoten, Chinakohlstreifen und Kohlrabiraspel unterheben.

5 Für die Sauce den Tee mit der restlichen Gemüsebrühe, dem Weizenkeimöl, dem Obstessig, 3 Esslöffeln Zitronensaft, Currypulver und Ingwer verrühren. Die Sauce mit Salz und Pfeffer würzen.

6 Die Sauce zu den Salatzutaten geben und alles gut vermischen. Den Hirsesalat zugedeckt und kalt gestellt etwa 30 Minuten durchziehen lassen.

7 Vor dem Servieren den Salat nochmals mit Zitronensaft, Currypulver und Ingwer frisch-säuerlich abschmecken.

Tipp: Statt frischer Zuckerschoten können Sie auch TK-Zuckerschoten oder TK-Erbsen verwenden. Diese nach Packungsanleitung in kochendem Salzwasser garen, abgießen, mit kaltem Wasser abspülen und gut abtropfen lassen. Sie können den Salat auch mit der gleichen Menge Amaranth oder Bulgur zubereiten. Beides bekommen Sie im Reformhaus oder in gut sortierten Supermärkten.

FITMACHER-TIPP:

Hirse ist fettarm und verfügt über einen optimalen Eiweißgehalt mit vielen Ballaststoffen.

ZUCCHINI-KICHERERBSEN-SALAT

MIT MINZ-JOGHURT

4 Portionen

Pro Portion:
E: 13 g, F: 4 g, Kh: 28 g,
kJ: 864, kcal: 207, BE: 2,0

500 g abgetropfte Kichererbsen (aus der Dose)
1 Bund Radieschen
1 Zucchini
½ Blattsalat, z. B. Eichblatt-, Frisée-, Kopfsalat

Für den Minz-Joghurt:
3 Stängel Melisse
150 g Joghurt (1,5 % Fett)
2 EL Zitronensaft
1 gestr. TL Harissa (afrikanische Gewürzpaste)
Salz
gem. Pfeffer
1 Prise Zucker

Zubereitungszeit:
30 Minuten

1 Die Kichererbsen kurz mit kaltem Wasser abspülen und gut abtropfen lassen.

2 Die Radieschen putzen, abspülen, abtropfen lassen und in dünne Scheiben schneiden. Zucchini abspülen, abtrocknen und die Enden abschneiden. Zucchini auf der Haushaltsreibe grob raspeln. Blattsalat putzen, abspülen und abtropfen lassen oder trocken schleudern. Blattsalat in mundgerechte Stücke zupfen.

3 Blattsalat mit Kichererbsen, Radieschenscheiben und Zucchiniraspeln in eine Salatschüssel geben und vermischen.

4 Für den Minz-Joghurt Minze abspülen, trocken tupfen und die Blättchen von den Stängeln zupfen. Blättchen in Streifen schneiden. Den Joghurt mit 1 Esslöffel Minzestreifen sowie Zitronensaft und Harissa verrühren. Den Minz-Joghurt mit Salz, Pfeffer und Zucker abschmecken.

5 Die Salatzutaten mit dem Minz-Joghurt vermischen oder separat dazureichen.

Tipp: Toppen Sie den Salat mit **Nussknusper** (Foto S. 11, rechts unten). Für 15 Portionen 200 g Nusskernmischung (z. B. Cashew-, Haselnuss-, Walnuss-, Mandel-, Paranusskerne) und 100 g Salatkernmix (Sonnenblumen-, Kürbis-, Soja-, Pinienkerne) zusammen in einer großen Pfanne ohne Fett unter Wenden rösten, bis die Mischung anfängt zu duften. Parallel dazu 100 g feinen Zucker mit 100 ml Wasser in einem breiten Topf zum Kochen bringen. Sobald der Zucker beginnt hellbraun zu werden, die Nüsse in den Topf geben und unter Rühren kurz darin karamellisieren. Die Nussmischung mit etwas Salz würzen, dann auf einem mit Backpapier belegten Holzbrett gleichmäßig verteilen (Achtung: heiß!) und erkalten lassen. Nussknusper in Stücke brechen und gut verschlossen aufbewahren.

FITMACHER-TIPP:

Zum Sattessen reichen die angegebenen Mengen für 2 Portionen. Oder Sie reichen als Beilage pro Portion ein Viertel Fladenbrot zu dem Salat. Harissa ist eine Gewürzpaste aus roten Chilischoten. Sie schmeckt feurig-scharf – setzen Sie sie deshalb vorsichtig ein.

GRAUPEN-SALAT
IN PAPRIKAHÄLFTEN

ORIGINELL UND EINFACH

2 Portionen

Pro Portion:
E: 14 g, F: 17 g, Kh: 27 g,
kJ: 1351, kcal: 323, BE: 2,5

1 Stück Weißkohl (150 g)
Salz
½ TL Kümmelsamen
40 g Graupen
2 große rote Paprikaschoten
50 g magerer Kochschinken oder Kasseler-Aufschnitt
4 Stängel Dill
½ TL Paprikapulver edelsüß
gem. Pfeffer
2 EL Apfelessig
2 EL natives Rapsöl
40 g Fetakäse

Zubereitungszeit:
45 Minuten, ohne Durchzieh- und Abkühlzeit

1 Von dem Kohlstück evtl. äußere Blätter entfernen und den Strunk herausschneiden. Den Kohl in sehr feine Streifen schneiden oder hobeln. Die Kohlstreifen abspülen und sehr gut abtropfen lassen. Die Kohlstreifen mit etwas Salz und dem Kümmel in eine Schüssel geben. Die Zutaten mit den Händen kräftig durchkneten und anschließend etwa 30 Minuten durchziehen lassen.

2 In der Zwischenzeit die Graupen in ein Sieb geben und gründlich mit kaltem Wasser abspülen. Anschließend die Graupen in kochendem Salzwasser nach Packungsanleitung garen. Dann die Graupen in ein Sieb geben, abtropfen und erkalten lassen.

3 Die Paprikaschoten halbieren, dabei den Stielansatz nicht entfernen. Paprikaschotenhälften entkernen und die weißen Scheidewände entfernen. Die Schotenhälften abspülen und gut abtropfen lassen.

4 Schinken oder Kasseler in feine Streifen schneiden. Dill abspülen, trocken tupfen und die Spitzen von den Stängeln zupfen. Dillspitzen fein schneiden.

5 Graupen, Kohl- und Schinken bzw. Kasselerstreifen und etwa zwei Drittel von dem Dill in einer Schüssel mischen. Paprikapulver, etwas Salz und Pfeffer, Essig und das Öl daruntermischen. Den Salat in den Paprikahälften verteilen. Den Fetakäse darüberbröseln und mit dem restlichen Dill bestreuen. Den Salat sofort servieren.

FITMACHER-TIPP:

Die Kümmelsamen machen den Weißkohl bekömmlicher. Durch das Kneten wird der Kohl noch weicher und zieht besser durch.

BUNTER LINSENSALAT MIT ORANGE

VEGAN

2 Portionen

Pro Portion:
E: 18 g, F: 20 g, Kh: 54 g,
kJ: 2072, kcal: 492, BE: 4,5

120 g Pardina-Linsen
(kleine Linsen)
1–2 Schalotten
1 Knoblauchzehe
2–3 EL Olivenöl
je 2 EL Möhren- und Selleriewürfel
600 ml Gemüsebrühe
2 Bio-Orangen
(unbehandelt, ungewachst)
2 Tomaten
4 Stängel Basilikum
Salz
gem. Pfeffer
Zucker
2 EL Apfelessig

Zubereitungszeit:
20 Minuten
Garzeit (Linsen):
etwa 30 Minuten

1 Die Linsen in ein Sieb geben, mit kaltem Wasser abspülen und abtropfen lassen. Schalotten und Knoblauch abziehen. Die Schalotten klein würfeln und den Knoblauch halbieren.

2 Olivenöl in einem Topf erhitzen. Schalottenwürfel und Knoblauchhälften darin andünsten. Linsen, Möhren- und Selleriewürfel hinzugeben, kurz mitdünsten lassen. Die Gemüsebrühe hinzugießen und zum Kochen bringen. Die Linsen etwa 30 Minuten kochen lassen. Erst nach der Garzeit würzen, sonst verlängert sich die Garzeit!

3 In der Zwischenzeit Orangen heiß abwaschen, abtrocknen und die Schale fein abreiben. Orangen halbieren und den Saft auspressen. Die Tomaten abspülen, abtropfen lassen, vierteln und die Stängelansätze herausschneiden. Tomatenviertel in kleine Würfel schneiden. Basilikum abspülen und trocken tupfen. Die Blättchen von den Stängeln zupfen (einige Blättchen zum Garnieren beiseitelegen). Blättchen in feine Streifen schneiden.

4 Die Linsen mit Salz, Pfeffer, Zucker, Essig, Orangenschale und -saft würzen. Basilikumstreifen unterheben.

5 Den Linsensalat mit den Tomatenwürfeln und den beiseitegelegten Basilikumblättchen garnieren.

FITMACHER-TIPP:

Linsen sind, wie alle Hülsenfrüchte, gute Eiweißlieferanten. Außerdem sind Linsen reich an Ballast- und Mineralstoffen sowie an Spurenelementen wie Eisen. Eisen ist wichtig für unsere Leistungsfähigkeit. Eisen aus pflanzlichen Lebensmitteln wird vom Körper besser aufgenommen, wenn Sie dazu Vitamin-C-haltige Lebensmittel, zum Beispiel Orangensaft, kombinieren. Die sehr aromatische Pardina-Linse hat den Vorteil, dass sie nicht eingeweicht werden muss und dabei eine Garzeit von nur etwa 30 Minuten hat.

RATGEBER

Wenn Sie dauerhaft fit und gesund bleiben möchten, ist eine ausgewogene Ernährungsweise die beste Voraussetzung. Wesentlicher Bestandteil eines abwechslungsreichen Speiseplans ist Salat, der Inbegriff von Frische und Gesundheit. Knackige Blattsalate, frisches Gemüse, Pasta, Kartoffeln, Getreide oder Hülsenfrüchte, mit magerem Fleisch, Fisch oder lieber nicht, auf jeden Fall aber ein paar geröstete Nüsse und Kerne on top. Ob als Vorspeise, Beilage, kleiner Snack oder Hauptgericht: Die Kombinationsmöglichkeiten bei Salatrezepten sind schier unendlich. Werden sie mit den besten Zutaten aus der frischen, gesunden Küche zubereitet, sind Salate das perfekte Fit- und Vital-Food zur Stärkung des Wohlbefindens. Sauce, Dressing oder Vinaigrette runden den Geschmack Ihres Salats ab.

Die Fitmacher-Rezepte in diesem Buch

Essen Sie sich fit! – Wir haben die Zutaten für die Rezepte in diesem Buch so ausgewählt, dass die Salate leicht und ausgewogen sind, dabei aber satt machen. Mit diesem Nährstoff-Mix wird ihr Körper mit Vitaminen, Mineralstoffen und Spurenelementen versorgt – perfekt für einen aktiven Lebensstil.

Alle Rezepte wurden für 2 oder 4 Portionen entwickelt. Saucen und Toppings, die sich gut bevorraten lassen, haben wir praktischerweise für größere Mengen berechnet. Die Salatrezepte haben maximal 600 kcal und 20 g Fett pro Portion.

Ob Sie einen Salat als Hauptgericht oder Snack genießen möchten, können Sie selbst entscheiden. Die Nährwertangaben pro Portion sind hier ein guter Anhaltspunkt. Ein Salat mit 600 Kilokalorien und 20 g Fett ist als sättigende Hauptmahlzeit anzusehen. Ein Salat, der unter 300 Kilokalorien und unter 10 g Fett enthält, ist solo ein leichter Snack und wird, kombiniert mit einem Stück Vollkornbrot oder einem Körnerbrötchen, zur Hauptmahlzeit. Als Beilage eignen sich auch die Toppings von Seite 10.

Die Fitmacher

Unter jedem Rezept finden Sie einen Fitmacher-Tipp. Hier stellen wir Ihnen ein bestimmtes Lebensmittel aus dem Rezept vor und Sie erfahren, warum die Zutat so wertvoll für die Ernährung ist. Weiterhin bekommen Sie Tipps für köstliche Beilagen.

Richtig kaufen und optimal lagern

Für alle Fitmacher gilt: Kaufen Sie die richtige Ware und lagern Sie diese optimal. Wenn Sie bei Einkauf und Lagerung ein paar Grundregeln beachten, bleiben die Vitamine, Mineral- und Ballaststoffe garantiert nicht auf der Strecke:

Salate & Gemüse

Vor allem Blattsalate und Gemüse enthalten wichtige Vitamine, Mineralstoffe und Spurenelemente, aber so gut wie kein Fett. Dadurch sind sie für eine gesunde, kalorienarme Ernährung bestens geeignet.

- Verwenden Sie immer frische, knackige Rohware, nach Möglichkeit aus dem regionalen (Bio-) Freilandanbau.
- Freilandware, die entsprechend der Saison auf dem Markt ist, ist der Gewächshausware vorzuziehen, denn regionale Produkte haben keine langen Transportwege. Sie können vollreif geerntet und verkauft werden. So hat einheimische Ware nicht nur die nötige Frische, sondern auch den vollen Geschmack, ist nährstoffreich und zur Hauptsaison zudem besonders preiswert.
- Lagern Sie Gemüse und Salate möglichst kurz, damit nur wenige Nähr- und Aromastoffe verloren gehen. Bewahren Sie Gemüse und Salate nach

Möglichkeit im kühlen Keller auf. Möhren, Radieschen und festere Gemüse wie Blumenkohl und Brokkoli können auch einige Tage im Gemüsefach des Kühlschranks gelagert werden.
- Frische Blattsalate zum Aufbewahren in ein feuchtes Tuch wickeln oder in einen großen Plastikbeutel geben. Etwas Luft hineinblasen, den Beutel fest verschließen und im Gemüsefach des Kühlschranks aufbewahren. So wird der Salat nicht zerdrückt und bleibt länger frisch.

Fleisch & Fisch

- Es ist nicht einfach, eine gute Fleischqualität äußerlich zu erkennen. Kaufen Sie keine Fleischwaren, die angetrocknet und grau aussehen.
- Vertrauen Sie Ihrem Metzger, der Fleisch aus artgerechter Haltung anbietet und Ihnen sagen kann, wo die Tiere aufgewachsen sind. Qualitativ hochwertiges Fleisch verliert weniger „Wasser" beim Braten oder Grillen, es bleibt saftig und aromatisch.
- Beim Fischkauf rät Ihnen der WWF-Einkaufsratgeber welcher Fisch eine gute Wahl für Ihren Speiseplan ist. Zu empfehlen sind Fische mit dem MSC-Siegel. Das Siegel kennzeichnet Fisch aus nachhaltig arbeitenden Fischereien.
- Ganze Fische sind frisch, wenn die Augen klar, prall und nach außen gewölbt sind, die Kiemen rot leuchten und die Schuppen fest sind.
- Fischstücke sind frisch, wenn sie glatt und glänzend aussehen.
- Frische, ganze Fische und Fischstücke riechen nicht unangenehm fischig, sondern frisch und bestenfalls unauffällig nach Meer.
- Fisch verdirbt relativ schnell, bereiten Sie ihn am besten am Tag des Einkaufs zu.

Salat zubereiten

Salate sind zarte Wesen. Behandeln Sie sie schonend. Hier einige Tipps:

- Entfernen Sie die äußeren und unansehnlichen Blätter.
- Zerteilen Sie den Salatkopf in einzelne Blätter.
- Entfernen Sie dabei schlechte Stellen.
- Waschen Sie die unzerteilten Blätter vorsichtig, aber gründlich in kaltem Wasser, stark verschmutzten Salat auch mehrmals. Dabei die Blätter nicht drücken oder im Wasser liegen lassen.
- Wenn Blätter zu lange im Wasser liegen, laugen sie aus.
- Geben Sie die Blätter zum Abtropfen in ein Sieb oder nutzen Sie eine Salatschleuder.
- Entfernen Sie grobe Stiele und harte Mittelrippen und zerpflücken Sie die Salatblätter in mundgerechte Stücke. Festere Salatsorten wie z. B. Chicorée oder Eisbergsalat können auch geschnitten werden.
- Vorbereitetes Gemüse fein oder grob raspeln oder in Scheiben oder Stifte schneiden.
- Geben Sie die Salatzutaten in eine ausreichend große Schüssel, damit sie sich locker mit der Sauce mischen lassen.
- Blattsalate immer erst unmittelbar vor dem Servieren mit der Sauce mischen, sonst fallen sie leicht zusammen.

Anmachen & Verfeinern!

Dressings und Vinaigrettes sollen den Geschmack der Salatzutaten hervorheben und ergänzen, nicht überdecken. Achten Sie darauf, dass Sie die Saucen fett- und kalorienarm zubereiten. Viele Fertigsaucen machen aus dem eigentlich fettarmen Salat wahre Kalorienbomben. Im Restaurant können Sie sich die Sauce separat zum Salat bringen lassen und den Salat selbst am Tisch anmachen. So können Sie zumindest die Saucenmenge selbst bestimmen.

Eine **klassische Vinaigrette** (Essig-Öl-Marinade) wird aus 1 Teil Essig und 2–3 Teilen Speiseöl zubereitet. Lösen Sie zuerst das Salz in dem Essig auf. Danach schlagen sie das Öl so lange unter, bis sich eine sämige Emulsion gebildet hat. Würzen Sie nach Belieben mit frisch gemahlenem Pfeffer, fein gehackten Zwiebeln, Knoblauch oder fein geschnittenen Kräutern. Eine klassische Vinaigrette können Sie auf Vorrat zubereiten und im Kühlschrank aufbewahren.

Dressings können ebenfalls aus Essig-Öl-Mischungen bestehen, die mit Salz, Zucker und Gewürzen abgeschmeckt werden. Oft wird in Dressings der Essig durch Zitronensaft ersetzt. Öl kann auch zum Teil oder ganz durch Crème légère, süße bzw. saure Sahne oder Joghurt ersetzt werden.

Purer Genuss: Essig & Öl

Durch die Wahl der Essig- und Ölsorte für die Sauce können Sie den Geschmack eines Salates stark beeinflussen. Wein- und Kräuteressige sind sehr vielfältig einsetzbar, während ein dunkler oder heller Balsamico-Essig nur zu bestimmten Salaten passt. Sonnenblumenöl, Maiskeimöl oder Rapsöl sind sehr zurückhaltend, Olivenöl oder Nussöle dagegen schmeckt man sofort. Möglichst hochwertige, kalt gepresste Öle erhöhen nicht nur das Geschmackserlebnis, sondern sind auch besonders gesund.

Küchenkräuter, gehackte Nüsse und Croûtons

Kräuter, Nusskerne, Samen und Croûtons sind das I-Tüpfelchen auf Salaten:
Küchenkräuter unterstützen den Geschmack und sorgen optisch für ein frisches Aussehen der Salate. Frische und tiefgefrorene Kräuter sind den getrockneten vorzuziehen, denn sie sind aromatischer. Nusskerne enthalten vor allem hochwertige einfach und mehrfach ungesättigte Fettsäuren und sie sind Vitamin- und Mineralstofflieferanten. Sie enthalten allerdings viel Fett und sollten sparsam verwendet werden. Nüsse, Kerne und Samen sind meist 4–6 Monate haltbar. Überlagert schmecken sie leicht ranzig. Croûtons sind in der Regel kleine in Butter oder in Pflanzenöl geröstete Weißbrotwürfel, die den Salaten eine knusprige Komponente geben. Gesünder und mindestens genauso lecker sind Croûtons aus Schwarz- oder Mischbrotwürfeln, die in Knoblauch- oder Zitronenöl geröstet werden.

Knoblauch

Knoblauch gibt Salaten eine wunderbar eigene Würze. Wer nur einen Hauch Knoblauch möchte, reibt die Salatschüssel mit einer durchgeschnittenen Knoblauchzehe aus. Für ein kräftigeres Aroma kann der durch eine Knoblauchpresse gedrückte Knoblauch in die Salatsauce oder fein geschnitten direkt in den Salat gegeben werden.

ALLGEMEINE HINWEISE

Abkürzungen

EL	=	Esslöffel
TL	=	Teelöffel
Msp.	=	Messerspitze
Pck.	=	Packung/Päckchen
g	=	Gramm
kg	=	Kilogramm
ml	=	Milliliter
l	=	Liter
evtl.	=	eventuell
geh.	=	gehäuft
gem.	=	gemahlen
ger.	=	gerieben
gestr.	=	gestrichen
TK	=	Tiefkühlprodukt
°C	=	Grad Celsius
Ø	=	Durchmesser

Kalorien-/Nährwertangaben

E	=	Eiweiß
F	=	Fett
Kh	=	Kohlenhydrate
kJ	=	Kilojoule
kcal	=	Kilokalorien
BE	=	Broteinheiten

Bei den Nährwertangaben in den Rezepten handelt es sich um auf- bzw. abgerundete ganze Werte. Lediglich die Broteinheiten werden mit einer Stelle nach dem Komma angegeben. Aufgrund von ständigen Rohstoffschwankungen und/oder Rezepturveränderungen bei Lebensmitteln, kann es zu Abweichungen kommen. Die Nährwertangaben dienen daher lediglich Ihrer Orientierung und eignen sich nur bedingt für die Berechnung eines Diätplans, zum Beispiel bei Krankheiten wie Diabetes. Bei krankheitsbedingten Diäten richten Sie sich daher bitte nach den Anweisungen Ihres Diätassistenten bzw. Ihres Arztes.

Hinweise zu den Rezepten

Lesen Sie bitte vor der Zubereitung – besser noch vor dem Einkaufen – das Rezept einmal vollständig durch. Oft werden Arbeitsabläufe oder -zusammenhänge dann klarer.
Die Zutaten sind in der Reihenfolge ihrer Verarbeitung aufgeführt. Die Arbeitsschritte sind einzeln hervorgehoben, in der Reihenfolge, in der wir sie ausprobiert haben.

Zubereitungszeiten

Die Zubereitungszeit ist ein Anhaltswert für die Dauer der Vorbereitung und die eigentliche Zubereitung. Längere Wartezeiten wie Kühl- oder Abkühlzeiten, Auftau- und Durchziehzeiten sind, sofern parallel keine weitere Tätigkeit erfolgt, nicht mit einbezogen. Die Gar- und Backzeiten sind ebenfalls im Rezept angegeben.

Backofeneinstellung

Die in den Rezepten angegebenen Gartemperaturen und -zeiten sind Richtwerte, die je nach individueller Hitzeleistung des Backofens über- oder unterschritten werden können. Die Temperaturangaben in diesem Buch beziehen sich auf Elektrobacköfen. Die Möglichkeiten der Temperatureinstellung für Gasbacköfen variieren je nach Hersteller, sodass wir keine allgemeingültigen Angaben machen können. Bitte beachten Sie deshalb bei der Einstellung des Backofens die Gebrauchsanweisung des Herstellers. Ein Backofenthermometer eignet sich dabei gut, um die Backofentemperatur im Blick zu haben.

KAPITELREGISTER

Dress your Salad: Dressings & Saucen 6–9
Pimp Your Salad: Leckere Toppings........ 10

Vegetarisch & vegan

Salat im Pitabrot 14
Gegrillter Veggie-Salat 16
Bunter Feldsalat mit Grapefruit 18
Gegrillter Gemüse-Apfel-Salat (vegan)...... 20
Kürbis-Rote-Bete-Salat (vegan) 22
Couscous-Linsen-Salat (vegan) 24
Zucchinicarpaccio mit Gemüsevinaigrette (vegan) 26
Chicorée-Tomaten-Salat 28
Asiatischer Schichtsalat (vegan) 30
Rosenkohl-Champignon-Salat (vegan) 32
Kartoffelsalat mit Kresse (vegan) 34
Radieschen-Salat 36
Feldsalat mit geschmorten Wurzeln 38
Brotsalat mit roten Zwiebeln 40
Löwenzahn-Spinat-Salat 42

Nudeln & Kartoffeln

Zitronen-Pasta-Salat 46
Spaghettisalat mit Joghurt-Pesto 48
Bunter Spirelli-Schichtsalat 50
Türkischer Reisnudelsalat 52
Pikanter Nudelsalat mit Hähnchenfilet 54
Skandinavischer Nudelsalat 56
Warmer Kartoffelsalat 58
Gourmet-Salat (vegan) 60
Kartoffelsalat nach griechischer Art 62
Kartoffel-Spargel-Salat 64
Bohnen-Kartoffel-Salat 66

Fleisch & Fisch

Sommersalat mit Hähnchenbruststreifen ... 70
Tandoori-Chicken-Salat 72
Porree-Pfifferlings-Salat 74
Schwedischer Sommersalat 76
Bunt gemischter Pflücksalat (Titelrezept) ... 78
Rotkraut-Salat mit Putenschnitzelchen 80
Fenchel-Coleslaw 82
Spitzkohlsalat mit Souflaki 84
Wurstsalat 86
Sushireis-Salat 88
Gemischter Salat mit Fischfilet 90
Endivien-Melonen-Salat mit Zander 92
Garnelen-Sesam-Salatröllchen 94
Räucherlachs-Reis-Salat 96

Getreide & Hülsenfrüchte

Kräuter-Couscous-Salat 100
Bulgursalat (vegan) 102
Fruchtig-scharfer Reissalat 104
Süßkartoffel-Couscous-Salat (vegan) 106
Roter-Reis-Salat (vegan) 108
Quinoa-Frisée-Salat (vegan) 110
Weißer Bohnensalat mit Paprika und Tomate 112
Hirsesalat (vegan) 114
Zucchini-Kichererbsen-Salat 116
Graupen-Salat in Paprikahälften 118
Bunter Linsensalat mit Orange (vegan) 120

ALPHABETISCHES REGISTER

A/B

Asia-Dressing ... 6
Asiatischer Schichtsalat (vegan) ... 30
Berglinsen, pikante ... 10
Bohnen-Kartoffel-Salat ... 66
Bohnen-Tunfisch-Dressing ... 6
Brotsalat mit roten Zwiebeln ... 40
Bulgursalat (vegan) ... 102
Bunter Feldsalat mit Grapefruit ... 18
Bunter Linsensalat mit Orange (vegan) ... 120
Bunter Spirelli-Schichtsalat ... 50
Bunt gemischter Pflücksalat (Titelrezept) ... 78

C/D

Chicorée-Tomaten-Salat ... 28
Couscous-Linsen-Salat (vegan) ... 24
Dress your Salad: Dressings & Saucen ... 6–9

E/F

Edle Rotwein-Vinaigrette ... 6
Eingelegte Kürbiswürfel ... 10
Endivien-Melonen-Salat mit Zander ... 92
Falafelbällchen ... 84
Feldsalat mit geschmorten Wurzeln ... 38
Feldsalat mit Grapefruit, bunter ... 18
Fenchel-Coleslaw ... 82
Fruchtig-scharfer-Reissalat ... 104

G/H

Garnelen-Sesam-Salatröllchen ... 94
Gegrillter Gemüse-Apfel-Salat (vegan) ... 20
Gegrillter Veggie-Salat ... 16
Gemischter Salat mit Fischfilet ... 90
Gemüse-Apfel-Salat, gegrillter (vegan) ... 20
Gourmet-Salat (vegan) ... 60
Graupen-Salat in Paprikahälften ... 118
Guacamole-Dressing ... 6
Hirsesalat (vegan) ... 114

K/L/M/N

Kartoffelsalat mit Kresse (vegan) ... 34
Kartoffelsalat nach griechischer Art ... 62
Kartoffel-Spargel-Salat ... 64
Kräuter-Couscous-Salat ... 100
Kürbis-Rote-Bete-Salat (vegan) ... 22
Kürbiswürfel, eingelegte ... 10
Linsensalat mit Orange, bunter (vegan) ... 120
Löwenzahn-Spinat-Salat ... 42
Melonenkugelmix ... 10
Möhren-Aprikosen-Vinaigrette ... 8
Nudelsalat mit Hähnchenfilet, pikanter ... 54
Nussknusper ... 116

P/Q

Pikante Berglinsen ... 10
Pikanter Nudelsalat mit Hähnchenfilet ... 54
Pimp your Salad: Leckere Toppings ... 10
Porree-Pfifferlings-Salat ... 74
Quinoa-Frisée-Salat (vegan) ... 110

R

Radieschen-Salat ... 36
Räucherlachs-Reis-Salat ... 96
Reisnudelsalat, türkischer ... 52
Rosenkohl-Champignon-Salat (vegan) ... 32
Roter-Reis-Salat (vegan) ... 108
Rotkraut-Salat mit Putenschnitzelchen ... 80
Rotwein-Vinaigrette, edle ... 6

S/T

Salat im Pitabrot ... 14
Schichtsalat, asiatischer (vegan) ... 30
Schwedischer Sommersalat ... 76
Skandinavischer Nudelsalat ... 56
Sommersalat mit Hähnchenbruststreifen ... 70
Spaghettisalat mit Joghurt-Pesto ... 48
Spirelli-Schichtsalat, bunter ... 50
Spitzkohlsalat mit Souflaki ... 84
Sushireis-Salat ... 88
Süßkartoffel-Couscous-Salat (vegan) ... 106
Tabouleh-Vinaigrette ... 8
Tandoori-Chicken-Salat ... 72
Tomaten-Orangen-Vinaigrette ... 8
Türkischer Reisnudelsalat ... 52

V/W

Veggie-Salat, gegrillter ... 16
Vitalsauce ... 8
Warmer Kartoffelsalat ... 58
Weißer Bohnensalat mit Paprika und Tomate ... 112
Wurstsalat ... 86

Z

Zitronen-Pasta-Salat ... 46
Zucchinicarpaccio mit Gemüsevinaigrette (vegan) ... 26
Zucchini-Kichererbsen-Salat ... 116

Für Fragen, Vorschläge oder Anregungen stehen Ihnen der Verbraucherservice der Dr. Oetker Versuchsküche Telefon: 00800 71 72 73 74 Mo.–Fr. 8:00–18:00 Uhr (gebührenfrei in Deutschland) oder die Mitarbeiter des Dr. Oetker Verlages Telefon: +49 (0) 521 52 06 51 Mo.–Fr. 9:00–15:00 Uhr zur Verfügung. Oder schreiben Sie uns: Dr. Oetker Verlag KG, Am Bach 11, 33602 Bielefeld. Oder besuchen Sie uns im Internet unter www.oetker-verlag.de, www.facebook.com/Dr.OetkerVerlag oder www.oetker.de.

Umwelthinweis Dieses Buch und der Einband wurden auf FSC®-zertifiziertem, chlorfrei gebleichtem Papier gedruckt. Die Einschrumpffolie – zum Schutz vor Verschmutzung – ist aus umweltfreundlichem und recyclingfähigem PE-Material.

MIX
Papier aus verantwortungsvollen Quellen
FSC www.fsc.org FSC® C043954

Copyright © 2014 by Dr. Oetker Verlag KG, Bielefeld

Redaktion Christina Langner

Titelfoto Thomas Diercks, Hamburg
Innenfotos Fotostudio Diercks – Thomas Diercks, Kai Boxhammer, Christiane Krüger, Hamburg (S. 21, 23, 27–33, 37, 43, 49, 61, 65, 67, 77, 79, 83, 95, 107, 109–117, 121)
Eising Studio Food Photo & Video, München (S. 4/5, 41, 71, 122, 124)
Antje Plewinski, Berlin (S. 7–17, 25, 35, 39, 44–47, 53, 59, 68/69, 73, 81,87, 89, 98–105, 119)
Hans-Joachim Schmidt, Hamburg (S. 19, 51, 55, 57, 63, 75, 85, 91, 93, 97, 123)

Rezeptentwicklung Michaela Pfeiffer, Hamburg (S. 6, 8, 16, 36, 38, 46, 58, 72, 80, 86, 88, 94, 100, 104, 108, 118)

Foodstyling Anke Rabeler, Berlin

Nährwertberechnungen Nutri Service, Hennef

Grafisches Konzept und Satz MDH Haselhorst, Bielefeld
Titelgestaltung küstenwerber, Hamburg

Reproduktionen Lithotronic Media GmbH, Berchtesgaden
Druck und Bindung Druckerei Stürtz, Würzburg

Die Autoren haben dieses Buch nach bestem Wissen und Gewissen erarbeitet. Alle Rezepte, Tipps und Ratschläge sind mit Sorgfalt ausgewählt und geprüft. Eine Haftung des Verlages und seiner Beauftragten für alle erdenklichen Schäden an Personen, Sach- und Vermögensgegenständen ist ausgeschlossen.

Nachdruck und Vervielfältigung (z. B. durch Datenträger aller Art) sowie Verbreitung jeglicher Art, auch auszugsweise, ist nur mit ausdrücklicher Genehmigung und Quellenangabe gestattet.

ISBN: 978-3-7670-1030-7